Robert H. Schuller

Aufwärts zum Erfolg!

Robert H. Schuller

Aufwärts zum Erfolg!

Positives Denken versetzt Berge

mvg verlag

Die Deutsche Bibliothek – CIP-Einheitsaufnahme

Schuller, Robert H.:
Aufwärts zum Erfolg! : positives Denken versetzt Berge /
Robert H. Schuller. – 2. Aufl. – München
mvg-verlag, 1992
(mvg-Paperbacks ; 319)
Einheitssacht.: The peak to peak principle ‹dt.›
ISBN 3-478-03190-7
NE: GT

Das Papier dieses Taschenbuchs wird möglichst umweltschonend hergestellt und enthält keine optischen Aufheller.

2. Auflage 1992

Robert H. Schuller: Aufwärts zum Erfolg!

Titel des Originals: »The Peak to Peak Principle«

Einzig berechtigte Übertragung: Alfred Wettstein

Umschlaggestaltung: Gruber & König
Druck- und Bindearbeiten: Presse-Druck Augsburg
Printed in Germany 030 190/892602
ISBN 3-478-03190-7

Inhalt

Einführung		7
Kapitel 1	Die Herausforderungen des Lebens annehmen	11
Kapitel 2	Das Von-Gipfel-zu-Gipfel-Prinzip – eine vitale Kraft	15
Kapitel 3	Wie das Von-Gipfel-zu-Gipfel-Prinzip funktioniert	20
Kapitel 4	Vorbereitung auf den Aufstieg zum Gipfel	31
Kapitel 5	Das Geheimnis des erfolgreichen Bergsteigens	40
Kapitel 6	Wie man das Unmögliche zum Möglichen macht	46
Kapitel 7	Drei Wege zum Gipfel	53
Kapitel 8	Sich für sein Ziel begeistern	60
Kapitel 9	Ausdauer ohne Grenzen	68
Kapitel 10	Warum Menschen den Misserfolg suchen	73
Kapitel 11	Machen Sie Ihre Schwächen zu Ihren Stärken	82
Kapitel 12	Quellen auf den Bergen	86
Kapitel 13	Sich auf dem Gipfel einnisten	94
Kapitel 14	Halten Sie auf dem Gipfel nicht ein	102
Kapitel 15	Sprechen Sie vom Gipfel herab	112
Kapitel 16	Wie man vom Gipfel herunterkommt, ohne herunterzufallen	119
Kapitel 17	Der Herzschlag eines grossen Kletterers	126
Kapitel 18	Wie man zu einem Gipfelerlebnis kommt	134
Kapitel 19	Erstreben und Erreichen	145
Kapitel 20	Mit positivem Denken zum Erfolg	154
Kapitel 21	Nie an das «Nie» glauben	169
Kapitel 22	Wählen Sie einen Gipfel	183

Einführung

In den vergangenen dreizehn Jahren habe ich eine Reihe von Büchern geschrieben, Flugschriften in Millionenauflagen verbreitet und mich in der Fernsehsendung «Stunde der Kraft» mit Hunderten von Botschaften an Abermillionen von Menschen gewandt. Diese Sendung wird allwöchentlich von über 150 Fernsehstationen in den Vereinigten Staaten und von über 20 Stationen in Australien ausgestrahlt.

In jeder unserer «Stunde der Kraft»-Botschaften, die sowohl mündlich wie auch schriftlich verbreitet werden, vertreten wir die Überzeugung, dass jeder Mensch erfolgreich sein kann, der sich zum Grundsatz des positiven Denkens bekennt. Unter Erfolg verstehen wir das Erreichen eines vorherbestimmten Ziels, welches das vom Menschen gewählte Wertsystem offenbart; und unter positivem Denken verstehen wir jene geistige Einstellung, die davon ausgeht, dass jedes edle, bewundernswürdige oder schöne Ziel erreicht werden kann – selbst dann, wenn es unerreichbar zu sein scheint.

Dank der Kraft des positiven Denkens wird das Unmögliche von heute zum Möglichen von morgen. Daran gibt es keinen Zweifel! In meinen Ordnern finden sich Zehntausende von Zuschriften von Menschen, die diesem Grundsatz mit Erfolg nachgelebt und das Unmögliche möglich gemacht haben, indem sie die Ideen und Prinzipien befolgten, die wir seit eineinhalb Jahrzehnten verbreiten.

Dieses Buch zeigt Ihnen, wie ich diese von mir gelehrten Grundsätze in all diesen Jahren für mich selbst sowie in meinem Berufs- und Familienleben der härtesten Prüfung unterzogen habe. Dabei stellte ich immer wieder fest, dass ich mit den dabei erbrachten Ergebnissen die im voraus festgelegten Ziele nicht nur erreichte, sondern sogar übertraf. In einem Falle erlebte ich, wie meine Tochter, die dem Tode nahe war und ein Bein amputieren lassen musste, mit dieser Einstellung zu erstaunlichem Lebensmut und

-erfolg fand. In einem anderen Falle wurde ich dazu berufen, unserer jungen Kirchgemeinde zu einem Bauprojekt zu verhelfen, das zunächst als unrealisierbar betrachtet wurde.
Ich werde Ihnen wahrheitsgetreu von Menschen berichten, die erfolglos waren und zu den «Verlierern» zählten und zu Erfolgreichen, zu Gewinnern wurden, indem sie das grundlegende Prinzip des positiven Denkens befolgten, das ich das «Von-Gipfel-zu-Gipfel-Prinzip» nenne. Ich werde berichten von

- Studenten, die versagt haben, nochmals neu begannen und dann den Studienabschluss schafften;
- Angestellten, die sich selbständig machten und heute dank ihrem unablässigen Geschäftserfolg für andere Menschen laufend neue Arbeitsplätze schaffen;
- seelisch verkümmerten Menschen, die zu einer beglückenden positiven Selbstachtung gefunden haben: an die Stelle der zerstörerischen Selbstverachtung sind eine gesunde Selbstachtung, Freude, Hoffnung und Liebe getreten;
- kummererfüllten Menschen, die unter enttäuschenden und gestörten Beziehungen in ihrem Liebes- und Eheleben litten und heute auf der Sonnenseite des Lebens stehen;
- körperlich behinderten, kranken, ja todkranken Menschen, die erlebt haben, wie sich ihre Situation und ihr Problem, die unüberwindbare Berge zu sein schienen, in wahre Goldminen verwandelten. Aus Schwächen wurden Stärken – dank positivem Denken.

Vergessen wir nie:

- Ideen haben grossen Reichtum geschaffen.
- Konzepte haben zu neuen Produkten geführt.
- Projekte haben sich zu phantastischen Errungenschaften entwickelt.
- Die Ergebnisse von Forschung und Entwicklung haben neue Unternehmungen hervorgebracht, geschaffen von Menschen, die dem Von-Gipfel-zu-Gipfel-Prinzip des positiven Denkens vertrauen.

Wenn Sie einer von den Hunderttausenden von Lesern oder einer von den Millionen von Fernsehzuschauern, Hörern und Freunden sind, die den Schlüssel zum Erfolg bereits kennengelernt haben, so heisse ich Sie zu diesem Kurs herzlich willkommen, der Sie auf dem Weg zu einem noch erfolgreicheren Leben weiterführt. Sie werden erstaunt sein, zu erfahren, dass Ihr grösster Erfolg Ihre nächste Anstrengung sein wird; denn Sie werden ein universelles geistiges Gesetz kennenlernen, ein gewaltiges geistiges Prinzip: das «Von-Gipfel-zu-Gipfel-Prinzip».
Ich heisse Sie aber auch dann in unserem Kreise herzlich willkommen, wenn Sie einfach auf der Suche nach einem besseren Leben sind.

Jetzt liegt es an Ihnen!

Kapitel 1

Die Herausforderungen des Lebens annehmen

Sind Sie mit Ihrem heutigen Leben wirklich zufrieden?
Wenn ja, dann sind Sie in Gefahr. Denn restlos zufrieden sein heisst keine unerfüllten Träume haben. Und wenn wir zu träumen aufhören, beginnen wir zu sterben.
«Wehe euch, die ihr jetzt satt seid; denn ihr werdet hungern.»
Lesen Sie weiter, und erfahren Sie wieder die herausfordernde, herrliche Unruhe. Erheben Sie die Augen, um die unbestiegenen Berge zu sehen. Es braucht Mut, die alten, ausgefahrenen Geleise zu verlassen.
Wenn Sie nicht zufrieden sind und zuinnerst spüren, dass Sie aus Ihrem Leben auf dieser Erde noch mehr machen müssen, dann kommen Sie mit mir. Ich breche zu einer aufregenden, abenteuerlichen Fahrt auf - und lade Sie ein, mitzukommen.
In welcher Lebensphase Sie heute auch immer sind - Sie müssen jetzt eine Entscheidung fällen. Sie haben vier Möglichkeiten:

1. Aufgeben. Verzichten. Die Segel streichen. Alles an den Nagel hängen. Das Schiff verlassen. Aufhören. Auf den Tod warten.
2. Sich zurückziehen. Klein beigeben. Nachgeben. Abbauen. Einen Rückzieher machen. Sich keine Mühe mehr geben. Die vorzeitige Pensionierung ins Auge fassen.
3. Den Schalthebel auf neutral stellen. Eine Pause einschalten. Alles überdenken. Ferien machen. Den Wettlauf unterbrechen. Am Wettbewerb nicht teilnehmen. Die Einsamkeit suchen und das ganze Leben überdenken.
4. Entschlossen, vorsichtig, aber mutig vorwärtsgehen. Aufblikken. Wege suchen, auf denen man in grössere Höhe gelangt, von wo aus man Dinge sieht und erkennt, die alles bisher Erfahrene und Erlebte übertreffen.

Dies ist Ihre Entscheidung, die Sie zu fällen haben. Denken Sie daran: unentschlossen zu sein ist auch ein Entschluss.
Die Entscheidung fällt Ihnen aber leicht, wenn Ihr Wertsystem nicht durch innere Widersprüche durcheinandergebracht ist.
Was will ich eigentlich? Grosse Psychologen haben sich diese Frage gestellt und sind zu verschiedenen Schlüssen gekommen: «Das Streben nach Lustbefriedigung» (Freud), «das Streben nach Macht» (Adler), «das Streben nach Bedeutung» (Frankel). Dies sind die wichtigsten Theorien, die auf unsere innersten Wünsche eine Antwort zu geben suchen.
In meinen früher erschienenen Büchern habe ich festgehalten, dass alle diese Theorien in einer bestimmten Hinsicht und was bestimmte Lebensphasen angeht, durchaus gültige Analysen des grundsätzlichen menschlichen Strebens sind. Letztlich ist aber das Streben nach Selbstachtung das ureigenste und wichtigste Bedürfnis und Verlangen eines jeden Menschen. Wenn also in Ihrem eigenen Wertsystem Lust, Macht, Bedeutung oder Selbstachtung im Widerstreit sind, so schlagen Sie den Weg ein, der zu grösserer Selbstachtung führt!
Auf diesem Weg gelangen Sie auch zum Erfolg. Denn Erfolg baut in uns Selbstachtung auf, genauso wie Misserfolg die Selbstachtung verringert. Fragen Sie den entmutigten, enttäuschten Professor, den erfolglosen Studenten, die geschiedenen Eltern, den alternden Versager, und Sie werden sehen, wie sehr das Gefühl des Misserfolgs dem Menschen schadet. Sie werden erschreckt sein, zu sehen, wie Menschen, die sich selbst nicht achten, ihre Unsicherheit in ihre Umgebung und Umwelt hineinprojizieren. Es ist doch ganz klar: Erfolg ist ein edles Ziel!
In Tat und Wahrheit ist Erfolg auch ein uneigennütziges Ziel, während Misserfolg ein egoistisches Ziel ist: Es ist unmöglich, Erfolg zu haben, ohne auf dem Wege dazu vielen Menschen zu helfen. Das Geheimnis des Erfolges ist einfach: eine Wunde sehen und sie heilen – ein Problem antreffen und es lösen – auf ein Hindernis stossen und es beseitigen, überwinden oder es zu einer Chance machen!

Kein Geschäftsmann kann Erfolg haben, wenn er sein Produkt oder seine Dienstleistung nicht gemäss dem Grundsatz der Befriedigung von Bedürfnissen gestaltet. Die Ziele, die er sich setzt, sind nicht aus Egoismus oder Geldnöten heraus entstanden und nicht durch die Geschäftspolitik oder -tradition vorgegeben, sondern aufgrund des Erkennens der menschlichen Probleme, die auf dem Markt zu einer echten Nachfrage führen.
Ja, es ist unmöglich, Erfolg zu haben, ohne auf dem Wege dazu vielen Menschen zu helfen. Doch auch das Gegenteil gilt: Wer nicht auf die Bedürfnisse anderer Menschen eingeht, kann und wird keinen Erfolg haben.
Und wer ist erfolglos, wenn wir erfolglos sind? Wer ist erfolglos, wenn der Lehrer, der Pfarrer, der Vater, die Mutter oder der Geschäftsmann erfolglos ist? Wer nimmt dann wirklich Schaden? Dutzende, Hunderte, vielleicht sogar Tausende von unschuldigen Menschen, auf deren Bedürfnisse nicht eingegangen wird. Sie sind die eigentlichen Verlierer.
Deshalb kann es in unserem Wertsystem für die Zielvorstellung «Misserfolg» gar keinen Platz geben. Für den Erfolg gibt es keinen Ersatz. Für einen Menschen, der seine Selbstachtung pflegt und sich wirklich um andere Menschen kümmert, ist Misserfolg weder eine Möglichkeit noch ein Ziel.
Dieses Buch zeigt Ihnen, wie Sie mit dem, was ich das «Von-Gipfel-zu-Gipfel-Prinzip» nenne, zum Erfolg gelangen können. Ich garantiere Ihnen, dass es funktioniert.
Sie werden Erfolg haben, selbst wenn Sie sich schwach und nutzlos vorkommen. Sobald Sie auf persönlichen Erfolg abzielen, macht Ihre Schwäche wachsendem Selbstvertrauen Platz.
Wer in die Höhe will, muss sich erheben. Dieses Buch wird Sie beflügeln. Und Sie werden zu siegen beginnen. Mit jedem Erfolgserlebnis werden Sie Kraft gewinnen, um noch höher zu steigen. Erfolg haben heisst sich überlegen, wie der Fluss der inneren Kraft verläuft, wie und wann man zu dieser Kraft gelangt, sie behält, an ihr teilhat, sie zurückhält und sie einsetzt.
Ein erfolgreiches Leben wird Ihre Zukunft sein, sofern Sie auf die-

ses gewaltige «Von-Gipfel-zu-Gipfel-Prinzip» des erfolgreichen Lebens vertrauen, es anwenden und danach leben.

Ich sage damit nicht, dass einem der Erfolg leichtfällt. Der uneigennützige Weg ist noch nie bequem gewesen. Doch ist es unwahrscheinlich befriedigend, zu sehen, wie vielen Menschen man auf dem Weg zum Erfolg hilft.

Wagen Sie es hier und jetzt, einen neuen Lebensweg einzuschlagen. Haben Sie Mut? Sie werden ihn brauchen.

Wer in die Höhe will, muss sich erst einmal erheben!

Brechen wir also auf und klettern wir zusammen auf einen Berg!

Kapitel 2

Das Von-Gipfel-zu-Gipfel-Prinzip – eine vitale Kraft

Ist Ihnen auch schon aufgefallen, dass im Leben gewisser Menschen ein Erfolg den anderen ablöst? Jede Errungenschaft scheint auf der vorangegangenen aufzubauen. Jede Errungenschaft scheint sich an den letzten Erfolg anzuschliessen. Auf diese unglaubliche Weise entfaltet sich ein solches erfolgreiches Leben. Die Basis wird immer grösser, das Fundament wird stets stärker, und das, was darauf aufgebaut wird, wächst unablässig. Wie lässt sich das erklären?

Solche Menschen machen sich bewusst oder unbewusst jene vitale Kraft zu eigen, die ich das Von-Gipfel-zu-Gipfel-Prinzip nenne.

Wir könnten uns nun fragen, was zuerst komme: der Erfolg und dann eine weitere Aussicht auf Erfolg oder die Erfolgsaussicht und anschliessend der Erfolg. Ich glaube, dass diese über alle Massen erfolgreichen Menschen ein «Gipfelerlebnis» hatten – gewissermassen wie ein Bergsteiger, der auf den höchsten Punkt geklettert ist –, das ihnen die Aussicht auf noch Höheres, das sie erklimmen können, verschaffte.

Was meine ich mit «Gipfelerlebnis»? Ein Gipfelerlebnis ist eine positive Erfahrung, die uns zeigt, wer wir sind, und uns bewusst macht, dass wir mehr sind, als wir je gedacht haben. Wir erreichen etwas, das anderen vielleicht belanglos erscheint – für uns ist es jedoch ein Berg, den wir bezwungen haben. Dies ist für uns ein Erfolg, zu dem wir uns selbst beglückwünschen, der unsere gegenwärtigen Fähigkeiten beweist und uns darüber hinaus bereits einen Durchblick auf unsere brachliegenden Möglichkeiten gibt. Wir beginnen an unsere Möglichkeiten zu glauben. Wir werden zu positiv denkenden Menschen und fühlen uns dabei wie neu geboren.

Der «Stunde der Kraft»-Produzent Michael Nason hat eine kleine Tochter, Tara. Ihre Geschichte hat er im Buch «Tara» erzählt. Bei der Geburt erlitt Tara eine Gehirnverletzung, die zur Folge hatte, dass ihre Beine gelähmt waren, dass sie taubstumm und blind war. Alles deutete darauf hin, dass Tara das ganze Leben lang dahinvegetieren würde. Acht Jahre später konnte sie sehen, hören und einwandfrei sprechen, aber nicht gehen.

Ich erinnere mich heute noch, wie ihr Vater mich anrief und von aufregenden Neuigkeiten berichtete: Zum ersten Mal hatte sich Tara auf die Hände und die Knie aufgestützt und herumzukriechen begonnen. «Sie hat sich etwa eine halbe Minute lang selber auf Händen und Knien gehalten», erzählte mir ihr Vater. Tara hatte eine neue, vertikale Dimension erlebt, als sie ihren Kopf aufhob, um die Dinge aus einer bisher unbekannten Perspektive zu sehen. Dieses «Gipfel»-Erlebnis war für Tara ein «Aussichts»-Erlebnis.

Vertreter der Kinderpsychologie behaupten, dass ein Kind, das die Kriechphase auslässt und von der Aufstützphase aus direkt zu gehen beginnt, Probleme hat, wenn die Schulzeit kommt. Diese Theorie ist durch zahlreiche wissenschaftliche Untersuchungen erhärtet worden. Das Kriechen bildet im Kind den Sinn für Koordination und Perspektive im Lernprozess aus, um so mehr als ein Bezug zum Verständnis der Buchstaben beim Lesen besteht.

Kriechen ist eine «Gipfel»-Erfahrung! Später, wenn das Kind auf beiden Füssen stehen kann und die ersten unsicheren Schritte macht, wird dieses Erfolgserlebnis zu einer noch grösseren Gipfel-Erfahrung. Diese Gipfelerlebnisse bewirken Wunder. Sie zeigen dem Kind: «Ich bin mehr, als ich je zuvor gedacht habe.» Es ist eine positive Erfahrung, die zu Selbstvertrauen führt. Und jede Berggipfel-Erfahrung wird – im doppelten Sinne des Wortes – zu einer «aussichtsreichen» Erfahrung. Sie sagt mir, dass ich es kann. Und das «Ich-kann-Es» führt immer zu einem aufregenden neuen «Vielleicht». Das Gipfelerlebnis wird zum Aussichtserlebnis. Das Tragische ist, dass es Menschen gibt, die, seit sie zu gehen gelernt haben, kein bedeutsames Gipfelerlebnis mehr gehabt haben.

Einst sprach ich mit einem Psychologen über einen Menschen, dem wir beide zu helfen versuchten. Das Leben dieses Menschen schien aus einer einzigen Abfolge von Misserfolgen zu bestehen. Jeder Misserfolg verstärkte die Erinnerung an vergangene Misserfolge und bestärkte somit jenen Menschen in der Überzeugung, dass ihm künftige Unterfangen auch nicht gelingen würden. Einige nannten ihn einen geborenen Pechvogel.

Der Psychologe und ich waren uns einig: Das Problem lag darin, dass dieser Mensch zeit seines Lebens nie ein bedeutendes, das heisst ein das Selbstvertrauen aufbauendes Erfolgserlebnis gehabt hatte. Er hatte sich mit Ach und Krach durch die Schule geschlagen. In den zwischenmenschlichen Beziehungen hatte er bloss Enttäuschungen erlebt. Er hatte nichts erreicht, was sein Selbstwertgefühl hätte stärken können. Er versagte an seiner ersten Stelle, und an der zweiten wurde ihm gekündigt. Es fehlte ihm an Gipfelerlebnissen. Sein letztes Gipfelerlebnis war, als er gelernt hatte, zu gehen. Der grosse Zustrom von positiven Gefühlen, die das Selbstvertrauen stärkende Erfahrung in seinem Leben, fand in der Kindheit statt, als er gelernt hatte, aufrecht zu stehen und zu gehen.

Es gibt viele Menschen, die mit ihrer Einstellung in die Misserfolgsfalle geraten. Sie leiden am «Das-kann-ich-Nicht»- beziehungsweise am «Es-geht-doch-Nicht»-Syndrom. Sie gehen durch ihr Leben, indem sie sich ständig dafür entschuldigen, dass sie Chancen verschenken. Stellen wir uns das einmal vor: sich bewusst entschuldigen, dass man Chancen verschenkt!

Einmal habe ich von einer Dame gelesen, die, als sie realisierte, dass bald Neujahr war, kummervoll sagte: «Geh weg, Morgen.» Das ist doch wirklich traurig. Ich sage: «Willkommen, Morgen, denn jeder neue Tag bringt eine weitere Möglichkeit, ein neues Gipfelerlebnis zu haben.»

Brauchen Sie einen weiteren Erfolg? Ist es schon lange her, seit Sie ein Berggipfelerlebnis hatten? Dann brauchen Sie ein neues Hochgefühl, ein neues Gipfelerlebnis.

Wenn Ihr Leben langweilig, flau oder trotz früherer Gipfelerleb-

nisse und vieler persönlicher Erfolge deprimierend ist, brauchen Sie einen die Selbstachtung erneuernden Auftrieb. Schliesslich hat die Selbstachtung, die von Erfolgserlebnissen geschaffen wird, nur eine beschränkte Lebensdauer. Deshalb brauchen Sie in jeder Lebensphase immer wieder ein Gipfelerlebnis, um zu einem Aussichtserlebnis zu gelangen, zu einer Vision dessen, was Sie sein können und wozu Sie imstande sind. Diese Aussicht auf das, was Sie sein können, übertrifft alles, was Sie bislang gewesen sind.
Erst wenn wir den Berg bestiegen haben, vermögen wir auf das weite Tal hinunterzublicken, das fruchtbar bestellt werden kann. Dies ist der Grund, weshalb ein Mensch mit bedeutsamem Gipfelerlebnis zu besserer Aussicht kommt. Er ergreift diese Gelegenheit und macht sich zum Erklimmen eines neuen Gipfels bereit. Und vom neuen Gipfel aus sieht er noch grössere Möglichkeiten!

Wie können Sie zu einem Gipfelerlebnis kommen?

Indem Sie beispielsweise von Grossartigerem träumen. Der Traum führt zum Wunsch, der Wunsch zum Mut, ihn zu verwirklichen, der Mut zum Entschluss, zu beginnen, und der Entschluss zum Entscheid, die Sache ernsthaft anzupacken.

Viele von uns haben vielleicht Angst vor dem Anfang. Vielleicht denken auch Sie, dass Sie es nicht schaffen. Sie sagen sich unter Umständen: «Schaffe ich wohl den langen Weg bis nach oben?» Dies ist ein entscheidender Punkt: Beschliessen Sie anzufangen, und beschliessen Sie dann, ständig weiterzugehen. Kümmern Sie sich nicht um den Gipfel. Gehen Sie einfach los; und gehen Sie so weit, bis Sie den Punkt, wo es keine Rückkehr mehr gibt, überschritten haben.

Während zehn Jahren habe ich überzeugt und mit Hingabe Jogging betrieben. Eines Tages, als ich mich dazu bereitmachte, spürte ich, dass ich überhaupt keine Lust hatte, meine üblichen vier Meilen zu laufen. Mein Haus ist sechs Meilen von meinem Büro entfernt. Ich zog meinen Trainer an und beschloss, nur ein bisschen mehr als den halben Weg vom Haus zum Büro zu laufen. Als ich dann ein bisschen mehr als den halben Weg zurückgelegt hatte, stellte sich die Frage, was nun zu tun sei. An diesem Punkt war es einfacher und bequemer, den Weg zu Ende zu laufen als umzukehren. So legte ich eine sechs Meilen lange Strecke zurück. Diese Technik wende ich in meinem Leben sehr oft an. Wenn ich weiss, dass ich etwas tun sollte, wozu mir der nötige Ansporn fehlt, so beschliesse ich jeweils, über den Punkt hinauszugehen, wo eine Rückkehr noch möglich ist. Dann stecke ich mitten drin und muss die Aufgabe fertigmachen. Das ganze Geheimnis liegt im Entschluss zu beginnen.

Man darf den wichtigsten Bestandteil des Von-Gipfel-zu-Gipfel-Prinzips des Erfolgs nicht ausser acht lassen. Viel wichtiger als Kultur, Beziehungen und Glückstreffer ist der Glaube.

Glauben Sie an Ihre Fähigkeit, ein weiter gestecktes Ziel als je zuvor zu erreichen. Vor mehr als zweitausend Jahren erklärte ein Führer zuversichtlich und mutig: «Morgen werde ich auf der Bergspitze stehen!» Er hatte das Geheimnis des Von-Gipfel-zu-Gipfel-Prinzips entdeckt. Er hatte grosses Selbstvertrauen, er glaubte an das Morgen.

Der Zweifler besteigt keine Berge. Zur Strafe kann er auch nie die Aussicht vom Gipfel aus geniessen. Er wird nie von grösseren Ideen, kühneren Träumen und edleren Visionen beflügelt!

«Morgen werde ich auf der Bergspitze stehen!» Von diesem Gipfel aus werden Sie die Aussicht auf ein neues Morgen geniessen. Ihre Erfolgsspirale hat sich damit zu drehen begonnen. Von Gipfel zu Gipfel. Das ist das Geheimnis.

Kapitel 3

Wie das Von-Gipfel-zu-Gipfel-Prinzip funktioniert

Mit dem Von-Gipfel-zu-Gipfel-Prinzip zu Glück und Wohlergehen: Sie haben es mit Erfolg angewandt, ausser Ihr Gehirn wäre verletzt (wie bei Tara Nason) oder Sie wären ohne Beine zur Welt gekommen. Die Wahrscheinlichkeit, dass Sie das Von-Gipfel-zu-Gipfel-Prinzip befolgt haben, ist gross. Sie standen auf beiden Füssen, sahen weiter, das Blickfeld Ihrer Augen war grösser, und in der Folge wurden Sie von Selbstvertrauen erfüllt. Sie machten den ersten unsicheren Schritt, standen auf, indem Sie sich an einem Tischbein oder an einem Stuhl festhielten, versuchten es erneut, fielen ein- oder zweimal hin, gaben aber nicht auf, bis Sie durch das Zimmer gehen konnten. Diese Leistung verhalf Ihnen zu einem weiteren Blickfeld und zu einer neuen Aussicht. Das «Ich-hab's-Geschafft» führte zu einem neuen «Ich-kann-Es», und Sie setzten sich höhere Ziele: schneller gehen, dann rennen und schliesslich springen.

Meine vierzehnjährige Tochter Carol musste nochmals gehen lernen, wird wahrscheinlich auch wieder rennen und vielleicht sogar wieder springen können. Sie hat das Von-Gipfel-zu-Gipfel-Prinzip befolgt. Als sie dreizehn Jahre alt war, fuhr sie auf einem Motorrad auf dem Rücksitz mit, das mit einem Wagen eine Frontalkollision hatte. Eine Stunde später wurde ihr linkes Bein in einem Spital in Sioux City, Iowa, amputiert, während ihre völlig aufgelösten Eltern in Korea, auf der andern Seite der Erde, auf ein Flugzeug warteten, um zu ihr zu fliegen. Erst nach acht Monaten, sechs Operationen und Hunderten von intravenösen Spritzen konnte man ihr das erste künstliche Bein geben. Monate später übte sie mit ihrem Vater im Hinterhof. Sie versuchte, ohne Krücken einen Softball zu werfen. Nie werde ich vergessen, wie schmerzlich es war, ihr zuzusehen, wie sie die Krücken ablegte und schwankend einen Schritt zu gehen versuchte, und ich werde mich noch lange daran erinnern, wie sie in ihrer Schule in einem Softball-Spiel in der vorderen Reihe mitzumachen versuchte. Unvergesslich ist mir auch der Tag, als sie von der Therapie nach Hause kam und voller Freude rief: «Papa, ich habe eine ganze Minute lang auf einem Bein gestanden – auf meinem künstlichen Bein!» Dies war ein Gipfelerlebnis, das zu neuen Hoffnungen, neuen Träumen und neuem Glauben führte, ein Blick in die Zukunft, die für meine Tochter vielversprechend war, wenn sie bereit war, weiterzuklettern und höher zu steigen.

Ich bin sicher, dass sie zum Zeitpunkt, da dieses Buch erscheint, wieder rennen kann. Sie zitierte immer wieder die Slogans, die ich in meinen Büchern und in den Fernsehsendungen Millionen von Menschen weitergab: «Schritt um Schritt, da hält jeder mit» – «Keine Rose ohne Dornen» – «Ich muss das sehen, was ich habe, und nicht, was ich verlor». Meine Tochter Carol klettert auf den Gipfel. Von dort aus wird sie erkennen, was sie weiterhin erreichen kann.

Ich sah, wie dieses Prinzip in ihrer düstersten Stunde des Leidens funktionierte. Für meine Frau und mich war es ein qualvoller 22stündiger Flug von Korea zum Iowa-Spital. Was würde ich wohl meiner 13jährigen Tochter sagen, fragte ich mich unter Tränen.

Meine Kritiker haben meine Philosophie des positiven Denkens schon des öftern als oberflächliche Hurra-Philosophie abgetan. Ohne dass ich es wusste, befolgte Carol das Von-Gipfel-zu-Gipfel-Prinzip, das zum positiven Denken gehört. Ich will Ihnen erzählen, wie meine Tochter das machte.

Während der 60 Minuten langen Fahrt im Krankenwagen vom Unfallort bis zum Spital war Dr. Reuben Samoni von Sioux City, Iowa, bei meiner Tochter. Später zog er mich zur Seite und sagte mit tränenerfüllten Augen zu mir: «Dr. Schuller, Carol ist ein tapferes Mädchen, von dem ich viel lernen kann. Sie hat mutig gekämpft. Wie Sie wissen, mussten wir ihr 17 Bluttransfusionen machen. Im Operationssaal haben wir sie beinahe verloren, ihr

Puls war nicht mehr zu spüren, aber wir fuhren mit den Transfusionen fort, und der Puls kam wieder. Was für ein Kämpfer ist Ihre Tochter! Als wir sie in rasender Fahrt ins Spital fuhren, fragte sie mich: ‹Herr Doktor, können Sie mir nicht eine Spritze gegen die Schmerzen geben?› Ich antwortete: ‹Nein, Carol, du hast zuviel Blut verloren, und dein Blutdruck ist zu niedrig.› Sie schwieg. Schliesslich sagte sie: ‹Herr Doktor, ich glaube, ich muss in meinem Leben Menschen, die Schmerzen haben, helfen. Das ist der Grund, weshalb ich jetzt leiden muss. So kann ich anderen, die leiden müssen, helfen.›» Sie hatte ihren Leidensberg erklommen und gesehen, wie ihr Schmerz in einen Segen verwandelt werden konnte. Das Von-Gipfel-zu-Gipfel-Prinzip hat Wunder gewirkt!

Stunden später ging ich völlig übermüdet, langsam, still und zitternd in ihr Abteil in der Intensivstation des St.-Joseph-Spitals. Dort lag sie, ihr Gesicht war schneeweiss, am Zug der amputierte Beinstumpf. Weg war der Fussknöchel. Weg war ihr Bein. Ihr Haar, in zwei kurze Zöpfe geteilt, lag auf beiden Seiten ihres ungetrübten Gesichts auf dem Kissen. Sie öffnete die Augen und sah ihre Mutter und mich an ihrem Bett stehen. Bevor wir ein Wort herausbrachten, unterbrach sie die beklemmende Stille mit einer Stimme, die so ruhig wie die eines Piloten war, der seiner Besatzung Instruktionen gibt.

«Papa, ich glaube, ich weiss, warum es geschah.» Ich hielt meine Tränen zurück und fragte sie: «Warum, Carol?» Sie antwortete ruhig und bestimmt: «Ich glaube, dass Gott für mich eine besondere Aufgabe bereithält: den Menschen helfen, die wie ich verletzt worden sind. Es ist so, wie du immer gesagt hast: ‹Aus Schwächen werden Stärken.›»

In den folgenden Wochen erhielt sie Anrufe und Telegramme von Freunden wie John Wayne, Frank Sinatra, Präsident Carter und Senator Edward Kennedy. Aber kein Brief bedeutete ihr mehr als die Zeilen, die sie acht Monate später aus Iowa bekam. Sie waren von Dr. Samoni, der mit ihr im Krankenwagen gefahren war. Ihm war es zu verdanken, dass sie noch lebte. Jetzt, fast ein Jahr später, schrieb er: «Ich werde nie vergessen, Carol, was ich von Dir gelernt habe, als Du sagtest, Du würdest leiden, damit Du die Leiden anderer lindern könntest. Ich möchte Dir bei Deiner Ausbildung, die Du für Deine Lebensaufgabe brauchst, in irgendeiner Weise helfen. Anbei ist ein Scheck. Lass mich bitte an Deinem guten Leben ein klein bisschen teilhaben.» Die auf dem Scheck vermerkte Summe entsprach fast dem Honorar, das er für seinen sieben Stunden langen Einsatz, um sie am Leben zu erhalten, bezogen hatte.

Besteigen Sie die Berge, die vor Ihnen sind, und Sie werden mit der neuen, grossartigen Aussicht auf das, was Sie tun und sein können, belohnt! Das Von-Gipfel-zu-Gipfel-Prinzip.

Ich berichte Ihnen jetzt, was es bei einem Taxifahrer bewirkt hat, den ich in New York traf. Er erkannte mich, hielt den Wagen an, stieg aus und bat mich um ein Autogramm. Seinen Namen habe ich nie erfahren, wohl aber seine Geschichte: «Dr. Schuller, Ihrem positiven Denken verdanke ich mein Leben. Ich war arbeitslos. Hatte nie einen Job. In der Schule versagte ich. Ich sah Sie am Fernsehen in New York. Ich bin Schwarzer, meine Nachbarn sind grob und niederträchtig. Dann hörte ich, wie Sie sagten: ‹Sie können aus Ihrer jetzigen Situation herauskommen.› Das werde ich nie vergessen. Ich war mit Ihnen nicht einverstanden. Ich brüllte zurück. Doch meine Frau sagte: ‹Das ist genau Dein Problem. Du denkst negativ. Wenn Du bloss einmal zuhören und daran glauben würdest, dann könntest Du wirklich herauskommen!› Ich liess mich auf einen Streit mit ihr ein: ‹Keiner wird mich anstellen. Ich weiss nichts und kann nichts. Ich bin ein Schwarzer›, sagte ich und fuhr fort: ‹Schau doch bloss einmal, wie viele arbeitslos sind! Es gibt nichts, was ich tun könnte.› Sie erwiderte: ‹Falsch. Du kannst Auto fahren. Warum fährst Du nicht Taxi?› Dr. Schuller, ich rief eine Taxifirma an und bekam die Stelle. Innerhalb eines Jahres sparte ich genug Geld, um eine Anzahlung für einen eigenen Wagen machen zu können.» Der Taxifahrer sagte mir mit diesen seinen Worten: «Kürzlich sagte mir die Bank: ‹Donnerwetter, Sie machen das gar nicht so schlecht. Wollen Sie noch einen

Wagen kaufen und einen Fahrer anstellen? Wir geben Ihnen das Geld. Bei uns kriegen Sie Kredit.› » Heute ist er im Begriff, einen ganzen Wagenpark aufzubauen. Seinem Geschäft geht es glänzend – und seiner Selbstachtung dazu. Er hat sich das Von-Gipfel-zu-Gipfel-Prinzip zu eigen gemacht.

Es hat sich auch für Jim Poppen bewährt. Henry Poppen, sein Cousin, der bei mir arbeitete, sagte mir einmal: «Wissen Sie, Jim war kein besonders guter Student, als er zur Hope Academy in Holland, Michigan, ging.» Ich hörte ihm aufmerksam zu, denn ich hatte in der Schwesterschule, dem Hope College, abgeschlossen. Er fuhr fort: «Aber Jim ging für ein Semester an die Northwestern University in Chicago. Während seiner ersten Semesterferien fand ihn sein Vater mitten in der Nacht auf dem Küchenboden, wo er Bindfäden um die Stuhlbeine band. ‹Stör mich bitte nicht, Papa. Ich habe an der Uni das menschliche Hirn entdeckt. Ich will Hirnchirurg werden und muss nun lernen, im Dunkeln Fäden zu verknüpfen. Ich bin am Üben.› » Dies war sein Lichtblick, seine Aussicht, die Vision eines Traums! Ein Berg, der zu bezwingen war. Die Aussicht auf einen Gipfel. Sein erster Gipfel war das College. Er schaffte es. Sein zweiter das Medizinstudium. Er schloss es ab! Als er viele Jahre später starb, beschrieb William Loeb, der Herausgeber der in Manchester, New Hampshire, erscheinenden Zeitung «Union Leader» im Leitartikel auf der ersten Seite sein Leben wie folgt:

> Er ging mit Königen,
> vergass aber nie
> den einfachen Menschen.

Dr. James Poppen, der grösste Neurochirurg der Welt, der am vergangenen Wochenende gestorben ist, hatte in New Hampshire eine Menge Patienten. Doch was viel wichtiger ist: Sein Leben war ein Musterbeispiel dafür, wie man auf seinem Gebiet der Beste sein kann, ohne dass einem der Erfolg in den Kopf steigt. Aus diesem Grunde ist unser Blatt der Ansicht, dass Dr. Poppens Tod einen Kommentar verdient.

In der Nacht, als 1968 Robert Kennedy erschossen wurde, mitten in jener Nacht läutete das Telefon neben Dr. Poppens Bett in Brookline, Massachusetts. Am andern Ende sagte die Stimme eines Texaners: «Dr. Poppen, hier ist Präsident Johnson. Am Flughafen wartet ein Überschallflugzeug auf Sie. Würden Sie sich so rasch wie möglich dorthin begeben und nach Kalifornien fliegen, um zu sehen, was Sie für Robert Kennedy tun können?»

Als Aristoteles Onassis' einziger Sohn bei einem Flugzeugunglück in Griechenland eine schwere Gehirnverletzung erlitt, flogen Aristoteles Onassis, seine Frau Jackie und Dr. Poppen zu dritt in einem Düsenflugzeug nach Griechenland, um zu sehen, was getan werden könnte. Doch auch hier waren die Verletzungen so gross, dass kein medizinisches Genie den Jungen retten konnte.

In der ganzen Welt waren Persönlichkeiten von Rang und Namen die Patienten von Dr. Poppen, denn er war als die grösste Kapazität auf seinem Gebiet bekannt.

Ein derartiger Erfolg hätte wohl jedem anderen in den Kopf steigen können. Das Bemerkenswerte an Jim Poppen war, dass er vor keinem Menschen, den er behandelte und mit dessen medizinischem Problem er sich auseinandersetzte, je die Ehrfurcht verlor. Er nahm sich der bescheidensten und einfachsten Patienten mit gleicher Hingabe wie der berühmtesten an.

Vor ein oder zwei Jahren wollte der Verfasser Dr. Poppen für einen Ratschlag telefonisch erreichen. Nach langem Suchen fand er ihn in Bogotà, Kolumbien. Bogotà liegt auf 4000 Meter Höhe, was auch jüngeren Menschen ziemlich Mühe bereitet.

Auf die Frage, was er denn dort oben mache, antwortete Dr. Poppen: «Nun, ich kenne hier Menschen, die gesundheitliche Probleme haben. Da sie sich den teuren Spitalaufenthalt in Boston nicht leisten können, operiere ich eben hier.»

Jenen glücklichen Patienten, denen seine Pflege zuteil wurde, fiel nicht nur sein technisches Können auf, sondern auch sein Verständnis für Menschen jeglicher Herkunft. Wie er ihnen begegnete und sich mit ihnen auseinandersetzte, war mindestens ein so grosses Wunder wie seine Kunst zu operieren.

Von seiner Operationstechnik sagte einmal ein ausländischer Chirurg zu Dr. Charles Fager, der als Chef der Neurochirurgischen Abteilung der Lahey-Klinik Dr. Poppens Nachfolger war: «Es ist erstaunlich. Da ist dieser Riese von einem Mann (Poppen war in seiner Jugendzeit ein grosser Baseball-Spieler, der sich als Spieler bei den ‹Baltimore Orioles› das Geld für sein Medizinstudium verdiente), wenn ich aber im Operationssaal seine Hände beobachte, so ist es, wie wenn man einem Ballett-Tänzer zusieht.»
Dr. Fager sagte: «Ich habe mich nie getraut, dies Dr. Poppen zu erzählen, weil er Schmeicheleien gar nicht schätzte.»
Der beste Kommentar zu dem, was Dr. Poppen der Welt bedeutete, boten aber die unzähligen Menschen, welche die Kapelle des New England Baptist Hospitals füllten: Da waren die Grossen der Welt, die man von den Bildern in den Zeitungen her kennt, aber da waren auch die kleinen Leute, weisse und schwarze, denen er geholfen hatte; da waren auch die Operationsschwestern, die soeben vom Operationssaal gekommen waren und noch Schürze und Haube trugen.
Sie alle ehrten den Mann, der bewies, dass es auch im Zeitalter des Rummels um Stars und falsche Helden dem Menschen möglich ist, wirklich gross zu sein und sich dennoch bescheiden zu geben.
Die Tatsache, dass seine Hilfe von Menschen auf der ganzen Welt gewünscht wurde, liess Dr. Poppen niemals gekünstelt werden.
Für neue Ideen war er immer zu haben, und er war immer darauf bedacht, einem Patienten zu helfen, egal wie unbedeutend dieser Mensch in den Augen der Öffentlichkeit war.
Diejenigen, die wie der Verfasser Jim Poppen kannten und denen sein Können zuteil wurde, wissen, dass wir seinesgleichen nicht mehr sehen werden.
Das von Gipfel-zu-Gipfel-Prinzip ist der sicherste Weg zu einem gesunden Selbstvertrauen. Es sei nochmals gesagt: Einfach ist es nicht. Bergsteigen ist nichts für Einfältige und Kinder.

Ohne Fleiss kein Preis!

Mein Sohn Robert hat soeben sein Diplom erhalten. Vier Jahre harten Studiums haben ihm jetzt zu einem neuen Gipfelerlebnis verholfen. Er hielt seine schwarze viereckige Akademikermütze in der Hand und spielte mit der langen schwarzen Seidenquaste. Wir blickten uns stolz in die Augen. «Es ist ein wunderbares Gefühl», sagte er und fügte hinzu: «Es war eine harte Arbeit, aber es hat sich gelohnt.» – «Wie recht du hast, Bob», pflichtete ich ihm bei, «von nun an wirst du immer wissen, dass jeder Preis nur mit viel Fleiss zu gewinnen ist.»

Wenn Sie Ihre erfolgreiche Ausbildung dazu verwenden, Ihr Leben vermehrt in den Dienst Gottes und Ihrer Mitmenschen zu stellen, werden Sie bemerken, dass der Lohn die Mühe wert ist. Ein Erfolgserlebnis wird immer dann zu einem Gipfelerlebnis, das Ihre Selbstachtung stärkt, wenn Sie Menschen helfen, die Hilfe brauchen.

Wenn Sie dagegen auf Eigennutz, Anerkennung, Belohnung, Beifall und Ehre aus sind und die Gefilde des selbstlosen Einsatzes verlassen, werden Sie nie genug davon bekommen. Und Sie werden zur Überzeugung gelangen, dass der Preis den Fleiss nicht wert war. Wenn Sie aber an all die Menschen denken, denen Sie helfen konnten, weil Sie sich entschlossen haben, erfolgreich zu sein, dann werden Sie vom herrlichen Gefühl der Selbstachtung erfüllt, und Sie werden sich sagen: «Es hat sich wirklich gelohnt. Ich würde es genau so wieder machen, auch wenn ich wüsste, wie schwierig und hart und aufwendig es ist und wie mühevoll der Aufstieg wäre. Die Aussicht auf dem erklommenen Gipfel hat mir gezeigt, wie wunderbar das Leben sein kann, wenn wir unseren Träumen alles geben, was wir haben.»

Das Von-Gipfel-zu-Gipfel-Prinzip. Ich will Ihnen nun erzählen, wie ich es bei meiner Arbeit angewendet habe. Dieses Buch erscheint zum 25. Jahrestag der Gründung meiner Kirchgemeinde, die ich mit meiner Frau, meiner ältesten Tochter, meinem Sohn und nur fünfhundert Dollar ins Leben rief. Ich begann mit einem Traum. Er gab mir einen Lichtblick, eine Vision, eine Aussicht auf die Zukunft. Ich «sah» mich von Null an beginnen und Mitarbeiter suchen, denen es ein Anliegen ist, die seelischen Bedürfnisse nichtreligiöser Menschen zu befriedigen.

Wir kannten niemanden und hatten keine Kontakte. Deshalb investierten wir ein paar Dollar in Zeitungsanzeigen, mit denen wir die Menschen einluden, unseren ersten Gottesdienst, der in einem Autokino stattfand, zu besuchen.
Von den 500 Dollar, die wir besassen, gab ich allein für den Holzplatz 300 aus. Mit Säge, Hammer und Nägeln machte ich ein grobes Kreuz, das ich auf das Dach der Snackbar stellte, die als Kultuszentrum diente. Für ein paar Dollar kaufte ich einen alten Holzstuhl, auf den ich mich setzen konnte, und Sperrholz, aus dem ich eine behelfsmässige Kanzel zimmerte.
Mein erster «Gipfel» bestand aus 150 Mitgliedern. Wir hatten dieses Ziel innerhalb von sechs Monaten erreicht. Der Gottesdienst auf dem Areal des Autokinos war ein Erfolg, und schon bald war unser Wunschtraum von einer kleinen Kirche mit Stühlen, Teppich und einer einfachen Orgel auf einem Grundstück von 80 Aren Wirklichkeit. Es war herrlich! Dann erreichten wir einen weiteren «Gipfel».
Während unsere Gemeinde wuchs und wir die Kirche mit glücklichen Menschen füllten, dehnte sich unsere Vision aus. Das Gipfelerlebnis brachte ein neues Aussichtserlebnis hervor. Fünf Jahre später bezogen wir eine grössere Kirche, in der tausend Menschen Platz fanden; sie hat uns nahezu eine Million Dollar gekostet. Die Zahl unserer Gemeindemitglieder hatte tausend überschritten. Wir hatten einen neuen Gipfel erreicht, und unsere menschlichen, finanziellen und geistigen Ressourcen waren in einem Masse gewachsen, wie wir es zuvor nie erlebt hatten. Wir waren jetzt stark genug, um noch Grösseres ins Auge zu fassen. Als wir unseren 15. Jahrestag feierten, zählte unsere Gemeinde 6000 Mitglieder, und unsere «grosse» Kirche war noch grösser geworden und bot nun fast 2000 Menschen Platz. Wir hatten wiederum einen neuen Gipfel erreicht, der uns bewusst werden liess, wie stark unser Fundament geworden und wie sehr es gewachsen war. Dies bewog uns, an noch Grösseres zu denken. Je höher der Gipfel war, auf dem wir uns jeweils befanden, desto höher schweiften unsere Gedanken! Wir waren gross genug, um daran zu den-

ken, unsere Gottesdienste jeden Sonntag am Fernsehen nach Los Angeles übertragen zu lassen. Dies würde uns jährlich 400 000 Dollar kosten, doch durch die grosse Mitgliederzahl, die unsere Basis war, liess sich dieses neue Projekt finanziell verantworten. Unser neuer Gipfel verschaffte uns die Aussicht auf einen noch höheren! Am 15. Jahrestag übertrugen wir unseren Gottesdienst zum erstenmal auf eine Fernsehstation in Los Angeles. Als dies ein Erfolg war, träumten wir von Fernsehübertragungen in weiteren Städten. Und schon zwei Jahre später wurde unser Programm in Chicago, Philadelphia, New York, Los Angeles und Seattle ausgestrahlt! Jeder neue Gipfel stärkte unser Vertrauen. Langsam und stetig expandierten wir und wurden so stark, dass wir ohne Geld zu leihen wachsen konnten. Je breiter die Basis wurde, desto stärker wurden wir, desto höher schweiften unsere Gedanken. Jeder neue Gipfel bescherte eine neue Aussicht auf weitere Gipfel, die zu erklimmen waren. Zur Zeit der Veröffentlichung dieses Buches hat die Zahl unserer Gemeindemitglieder zehntausend überschritten. (Wir sind die grösste Kirchgemeinde des ältesten protestantischen Bekenntnisses mit ständigem kirchlichem Amt in den Vereinigten Staaten. Die Reformierte Kirche Amerikas wurde 1628 von 59 holländischen Kolonisten gegründet, die alle der Reformierten Kirche in Holland angehörten. Nebst anderen Kirchen gründeten sie auch eine Kirche, die heute in New York als die Marble Collegiate Church fortbesteht, die in diesem Jahrhundert durch ihren berühmten Pfarrer Norman Vincent Peale bekannt wurde.) Das Fernsehprogramm geht heute an über 150 Stationen in den Vereinigten Staaten. Es geht auch nach Australien, Kanada und an die Armeesender.

Um die zuströmenden Menschen unterzubringen, werden wir an unserem 25. Jahrestag unsere «letzte Kirche», die 3000 Plätze umfassende Kristallkathedrale, ihrer Bestimmung zuführen, unserer gewaltigen Kirchgemeinde zu dienen und den wachsenden Bedürfnissen eines weltweiten Gottesdienstes zu entsprechen. Wir sind dabei, einen neuen Gipfel zu erklimmen. Während ich diese Worte niederschreibe, haben die vordersten Kletterer unserer Expedition den Gipfel bereits erreicht und die Flagge gehisst.

Wenn Sie diese Worte lesen, werden wir den Gipfel erreicht haben. Die Kristallkathedrale wird – schuldenfrei – dem Ruhm Gottes und dem Dienst an der Gemeinschaft geweiht sein. Unseren 25. Jahrestag werden wir auf unserem eigenen Grund und Boden, der von keinen Hypotheken belastet ist und weit über 25 Millionen Dollar wert ist, feiern. Das ist Erfolg! Das ist Kraft!

«Und dann?» fragen Sie vielleicht. Auf welche «Gipfel» werden wir steigen, wenn wir auf dieser gewaltigen Höhe der Kristallkathedrale sind? Die Antwort ist die, dass wir unsere ausgedehnte Kraft dazu verwenden werden, weiterzugehen und noch mehr bedürftigen Menschen noch mehr Gutes zu tun, als wir uns zu Beginn je erträumt hätten.

Während ich dies schreibe, trage ich mich mit der Absicht, unser Potential als Ausgangspunkt für die Lancierung von «Guten-Samariter-Herbergen» in der ganzen Welt zu benützen. Wir planen auch den Bau eines medizinischen Notzentrums in einer abgelegenen Dschungelregion in Mexiko mit Strassen, Ambulanzen und einer Landepiste, ein Projekt, das eine Million Dollar kostet. Wir rechnen damit, diese Million Dollar binnen Jahresfrist zusammenzubringen, indem wir uns an die Bestimmung der Kristallkathedrale halten.

Das Von-Gipfel-zu-Gipfel-Prinzip! Es versetzt wirklich Berge, es bewirkt wirklich Wunder. Lesen Sie weiter. Sie werden sehen, wie dieses Prinzip funktioniert und wie Sie es für sich selbst anwenden können.

Kapitel 4

Vorbereitung auf den Aufstieg zum Gipfel
oder
Sich an die Höhe des Gipfels geistig akklimatisieren

Wo beginnen wir?
«Ich muss das erst sehen, bevor ich es glaube», verkündet der negativ Denkende. Ich korrigiere ihn: «Sie müssen es erst glauben, bevor Sie es sehen! Sie müssen erst denken, bevor Sie die Chance verschenken. Der Traum des Erreichbaren kommt vor dem Plan, wie man es erreichen kann.»
Ihr ganzes Denken muss sich darauf ausrichten, die Möglichkeiten zu erkennen, bevor Sie sich an deren Verwirklichung machen. Beginnen Sie mit dem, was Sie haben. Wir müssen es machen wie eine Pflanze: die ganze Blumenpracht dort entfalten, wo sie hingepflanzt wurde. Beginnen Sie mit der positiven Kraft der Dankbarkeit. Zählen Sie Ihre Fähigkeiten auf. Zählen Sie alle Ihre «Aktivbestände» zusammen. Wer in die Höhe will, muss erst vom Gefühl der Dankbarkeit erfüllt sein. Für meine Tochter Carol beispielsweise hiess dies, Gott dafür danken, dass sie keine Kopfverletzung erlitten hatte, Gott danken, dass sie noch sehen und hören und denken und sprechen konnte, und Gott danken, dass sie noch ein Bein und zwei Hände hatte und die Freiheit besass, jedes beliebige Ziel ins Auge zu fassen.
Das Von-Gipfel-zu-Gipfel-Prinzip beginnt mit der Dankbarkeit, die in uns die Kraft auslöst, anzufangen, zu wachsen und zu gedeihen.
Lassen Sie mich die sechs Kräfte schildern, zu denen uns unsere Gipfelerlebnisse verhelfen und die uns unsere Dankbarkeit verleiht.

1. Die Kraft zu überleben

Dankbarkeit verleiht uns Überlebenskraft. «Ich bin so dankbar, dass ich lebe», sagte meine Tochter Carol, nachdem ihr Bein amputiert worden war. Durchhaltewillen und Zukunftsglaube sind die ersten Kräfte, die wir benötigen. Dankbarkeit gibt uns Überlebenskraft, das heisst den Willen, nicht aufzugeben.

Ich wurde in einer Farm in Iowa geboren und bin dort aufgewachsen. Ich erinnere mich noch gut an die Jahre, wo Sandstürme über das Land fegten. In den dreissiger Jahren, als ich noch ein Kind war, kam der tosende Wind von Nord- und Süddakota her. Es war ein trockener, staubbeladener, heftig tobender Wind. Er wurde zu unserem Erzfeind, da er die trockene, schwarze Erde blossfegte und sie wie Treibdünen in die Bewässerungskanäle auf unseren Feldern wirbelte. Nie werde ich ein besonders katastrophales Jahr vergessen. Wir mussten mit Tüchern bedeckt nach draussen gehen, damit uns der Staub nicht erstickte.

Dann kam die Erntezeit. Üblicherweise brachte mein Vater hundert Wagen Korn ein, doch in jenem Jahr erntete er nur eine klägliche halbe Wagenladung. Ich sehe noch heute den alten Wagen im Hof stehen – bloss halb gefüllt. Wir hatten eine totale Missernte, wie wir sie noch nie gekannt hatten.

Es ist mir unvergesslich, wie mein Vater beim Abendbrot uns mit seinen schwieligen Händen bei der Hand fasste, aufblickte und Gott dankte: «Ich danke Dir, mein Vater, dass ich nichts verloren habe. Ich habe die Saat, die ich im Frühjahr ausbrachte, wiedergewonnen.» Er brauchte jeweils eine halbe Wagenladung Saatkörner, und er hatte einen halben Wagen voll zurückbekommen. Seine Einstellung und Dankbarkeit bestand darin, dass er nichts verloren hatte, wogegen andere Farmer lamentierten, dass sie neunzig oder hundert Wagenladungen verloren hätten. Sie massen ihren Verlust an dem, was sie zu ernten hofften.

Ich werde nie vergessen, wie mein Vater sagte: «Du solltest nie das ‹So-hätte-es-sein-Können› aufzählen, sonst bist du erledigt.» Schauen wir nie auf das, was wir verloren haben – schauen wir

auf das, was uns geblieben ist. Diese weisen Worte meines Vaters, der übrigens nur Grundschulbildung hatte, waren für meinen Weg zum positiv denkenden Menschen von unschätzbarem Wert.
Dieses Dankbarkeitsgefühl verlieh meinem Vater Überlebenskraft. Er fing wieder von vorne an und brachte jene Saat im kommenden Jahr aus. Als er sich Jahre später zur Ruhe setzte, war er kein armer Farmer mehr. Voller Dankbarkeit betete, plante und arbeitete er weiter, wurde zusehends wohlhabender und hinterliess seinen Kindern ein ansehnliches Vermögen.
Dankbarkeit verleiht Überlebenskraft. Ein Mensch, der sich seine Fähigkeiten vor Augen hält, kann nicht aufgeben. Diese Denkart macht weitere Kräfte in uns frei, dank denen wir uns neue Ziele setzen, kühne Entscheidungen treffen und zuversichtlich an Problemlösungen herangehen können.

2. Die Kraft wiederaufzuleben

Die zweite Kraft, welche die Dankbarkeit verleiht, ist die Kraft wiederaufzuleben. Dankbarkeit hilft uns nicht nur zu überleben, sie gibt uns auch die Kraft, neu zu beginnen. Wir erhalten so die Kraft, in Zeiten, wo wir am liebsten aufgeben würden, nochmals von vorne anzufangen, die Scherben aufzulesen und uns zu einem neuen Start aufzuraffen.
Halten Sie einen Augenblick ein und denken Sie einen Moment nach: Welches sind Ihre kleinen Erfolge gewesen? Ihre Siege? Einige von Ihnen sind vielleicht im Spital. Sie müssen Ihre Fähigkeiten aufzählen und an all das denken, was an Ihnen gesund und gut ist. Vielleicht können Sie noch nicht gehen, aber Sie können Ihre Arme bewegen. Sie können nicht nach draussen gehen und bestimmte Dinge nicht machen, aber Sie können Dinge tun, die Sie zu anderen Zeiten und bei anderen Gelegenheiten nicht tun könnten. Zählen Sie Ihre Gipfelerlebnisse auf! Konzentrieren Sie sich auf diese. Denken Sie an das Positive!

Nicht alle Gipfelerlebnisse werden auch zu Aussichtserlebnissen, die zu einer umfassenden Schau werden. Sie werden es nur dann, wenn die Dankbarkeit das Erfolgserlebnis durchdringt.
Es gibt Menschen, die wohl ihre Erfolge und Gipfelerlebnisse haben, doch statt sich dadurch anspornen zu lassen, aufzubrechen und noch Grösseres zu vollbringen, setzen sie sich auf dem Gipfel ihres Berges nieder und beklagen sich, dass ihnen nicht mehr gelungen ist. Oder beklagen sich darüber, dass sie nicht schneller hinaufgekommen sind. Oder vergleichen ihre Leistung mit derjenigen eines anderen, der scheinbar mehr geleistet hat. Kurz, statt sich über den Erfolg zu freuen, werden sie deprimiert. Ihr Gipfelerlebnis wird zu einem Talsohlenerlebnis, weil sie innerlich negativ und undankbar sind.
Das Gipfelerlebnis sollte uns vielmehr einen dankbaren Ausblick auf noch grössere Leistungen geben. Wo Erfolg zum Ausblick wird, wird Ausblick zu Glauben und Glauben zu noch grösserem Vertrauen. Wer oben auf einem Gipfel steht, erblickt noch Höheres, das erreicht werden kann.
Ein Gipfelerlebnis bezeichnen wir als ein Erlebnis, das unser Selbstvertrauen festigt und uns in der Überzeugung bestärkt, dass wir mehr sind, als wir je zuvor dachten. Es ist genau diese positive Einstellung, welche ein Gipfelerlebnis zu einem die Erkenntnis fördernden Aussichtserlebnis macht.
Beginnen Sie damit, dass Sie den Menschen, mit denen Sie leben und zusammenarbeiten, danken. Erwähnen Sie tagtäglich eine besondere Arbeitsleistung oder ein besonderes Verhalten, das Ihnen weiterhilft. Lassen Sie die anderen wissen, wie sehr Sie sie schätzen. Tragen Sie immer, wohin Sie auch gehen, ein «Tagebuch der Dankbarkeit» mit sich, in dem Sie alle Ihre erfreulichen Erlebnisse und alle netten Leute, die Ihnen begegnen, festhalten. Es ist erstaunlich, zu sehen, welche Kraft wir mit diesem Vorgehen gewinnen. Die Dankbarkeit beginnt jeden Tag mit dem Dank, dass Gott uns diesen Tag erleben lässt, und jeder neue Tag beginnt wiederum mit einem Von-Gipfel-zu-Gipfel-Erlebnis.
Um wirklich wieder hochzukommen, brauchen Sie 1. die Kraft zu

überleben und 2. die Kraft wiederaufzuleben. Jetzt, da Sie unablässig dieses Gefühl der Dankbarkeit hegen, spüren Sie, wie Tatkraft Sie erfüllt.

3. Die Tatkraft

Da ich dankbar bin, habe ich frischen Mut, der mich zu Taten drängt, mich neue Ziele setzen, weitere Entscheidungen treffen und Probleme lösen lässt. Das positive Gefühl der Dankbarkeit ist buchstäblich eine Initialzündung! Diese erfolgt nicht immer so einfach.
Statt über unser Los zu klagen und über unsere Unzulänglichkeiten zu jammern, sollten wir unsere Fähigkeiten sehen und unsere Chancen erkennen. Dadurch werden wir von Dankbarkeit erfüllt und erhalten so den Mut, Neues zu wagen. Wir visieren drei Dinge an: 1. Ziele setzen, 2. Entscheidungen treffen und 3. Probleme lösen. Auf diese Weise macht unsere Tatkraft unser Gipfelerlebnis zu einem neuen Aussichtserlebnis. Wir werden angespornt, Ziele zu setzen, Entscheidungen zu treffen und Probleme zu lösen. Das ist es, was die Tatkraft bewirkt!

4. Die Kraft zu wachsen

Die Dankbarkeit, die zur Tatkraft führt, bewirkt schliesslich die Kraft zu wachsen, die Kraft, sich erneut aufzuraffen und zu neuen Abenteuern aufzubrechen. Erinnern Sie sich an Mark Spitz? Nachdem er an den Olympischen Spielen mehrere Rekorde gebrochen hatte, war er erschöpft. Als er seine letzte Goldmedaille überreicht erhielt, war er so müde, dass er die Aufgabe des Schwimmwettsports bekanntgab. Sein Gipfelerlebnis wurde zu einem Verdrusserlebnis statt zu einem Aussichtserlebnis. Wer von Dankbarkeit erfüllt ist, dessen Gipfelerlebnis verleiht die Kraft, aufzubrechen und sich neue Ziele zu setzen. Dank der Kraft

zu wachsen kann und muss das Gipfelerlebnis zum Aussichtserlebnis werden. Im andern Falle erfolgt nicht der Rückzug oder die Pensionierung, sondern der langsam einsetzende Tod.
Einst schaute ich einem Baumzüchter zu, der das Wachstum von Bäumen kontrollierte, und fragte ihn: «Werden diese Bäume noch höher wachsen?» – «Sie wachsen, solange sie leben», antwortete er, «solange ein Baum lebt, wächst er weiter. Manchmal sagen mir die Leute: ‹Dieser Baum ist nun ganz ausgewachsen.› Das ist falsch. Ein Baum hört erst dann auf zu wachsen, wenn er tot ist.» Dasselbe gilt für die Menschen, Gesellschaften, Gemeinschaften und Institutionen. Wo Leben ist, ist auch Wachstum.

5. Die Triebkraft

Durch das Gefühl der Dankbarkeit wird ein Gipfelerlebnis zu einem Triebkraft-Erlebnis. Wenn ein Mensch seine Fähigkeiten und Glücksfälle aufzählt, wird in ihm eine gewaltige Energie frei. Was geschieht, wenn wir unsere Fähigkeiten und Glücksfälle aufzählen? Wir werden positiv. Wenn wir positiv werden, werden wir von Begeisterung erfüllt. Begeisterung ist Energie. Zeigen Sie mir einen begeisterten Menschen, und ich werde Ihnen einen Menschen zeigen, der voll Energie, Dynamik und positivem Denken ist. Wenn in uns Energie frei wird, verfügen wir über Triebkraft. Ich erinnere daran, wie ich erlebte, wie in meinem Vater das Gefühl der Dankbarkeit Triebkraft geschaffen hatte. Es war damals, als ohne jegliche Vorwarnung ein Taifun aus dem schwarzen Himmel herausschoss und sich auf unsere Farm zu schlängelte. Wir sprangen in unseren Wagen, fuhren los und kamen knapp mit dem Leben davon. Aber die schwarze, schlangenähnliche Wolke schlug mit ihrem Kopf zu und verschlang alle unsere neun Gebäude. Sie liess eine völlig zerstörte Farm zurück! In der Nacht nach dem Unglück traf man sich in unserer kleinen Kirche auf dem Lande zum Gebet. Dort hörte ich meinen Vater beten: «Mein Vater, ich danke Dir, dass niemand das Leben ver-

loren hat und niemand verletzt worden ist. Wir haben nichts verloren, das nicht wiedererlangt und wiedergewonnen werden könnte. Und in diesem Sturm haben wir all das, was unersetzlich gewesen wäre, behalten – ganz besonders unseren Glauben.»
Dieses Gefühl der Dankbarkeit verlieh meinem Vater Triebkraft. Es verlieh ihm Begeisterung. Wir fuhren in die Stadt und kauften die Überreste eines alten vierstöckigen Hauses, das über Monate hinweg abgerissen wurde: Stück für Stück war im Verlaufe der Zeit verkauft worden, etwa so, wie man einen vierlagigen Schokoladekuchen stückweise verkauft. Der letzte Hausteil wartete immer noch auf einen Käufer, der zu einem Kaufpreis von 50 Dollar bereit war, die Überbleibsel wegzuschaffen. Wir kauften diese Reste und machten uns sorgfältig an die lästige Arbeit, Nagel um Nagel auszureissen und Brett um Brett abzulösen. Jede einzelne Schindel und jede einzelne Planke transportierten wir zum Ort, wo unsere Farm einst gestanden hatte, und begannen auf den Fundamenten unseres zerstörten Hauses, die das Bild eines hohlen Kraters in der Erde boten, unser neues Heim aufzubauen.
Indem wir uns auf das, was wir tun konnten, konzentrierten, und nicht auf das, was wir verloren hatten, erfüllte uns erneut mit Dankbarkeit. Und dies gab uns die Kraft, weiter und höher zu klettern!

6. Die Kraft anzukommen

Die sechste Kraft ist die Kraft anzukommen. Sie schaffen es! Sie haben Erfolg!
Während wir uns auf die Gipfelerlebnisse in unserem Leben konzentrieren, nehmen wir eine positive Haltung ein. Wir werden für einen grösseren Traum, eine grössere Vision, eine grössere Hoffnung empfänglich! Das Gipfelerlebnis wird tatsächlich zu einem Aussichtserlebnis. Aus dem Erfolg entsteht ein neuer Traum, aus dem neuen Traum grösseres Vertrauen, und damit befinden wir

uns in Fahrt auf der Bahn des Erfolges, die durch nichts abzubremsen ist. Auf diese Weise gelangen wir mit Demut und Uneigennützigkeit, den beiden hervorragenden Charaktereigenschaften, zur Spitze. Demut: das ist die Erkenntnis, dass man es gemeinsam geschafft hat. Alle zusammen haben etwas in Angriff genommen, die Tür aufgestossen, die Unannehmlichkeiten auf sich genommen, die Hindernisse weggeräumt. Es ist wie in einem Spiel: Die Mannschaft hat den Weg frei gemacht, und Sie konnten den Ball ins Tor werfen.

Das ist Dankbarkeit. Versuchen Sie es, und Sie erlangen die Kraft zu überleben, die Kraft wiederaufzuleben, die Kraft zu wachsen, die Kraft anzukommen. Im Verlaufe dieser Entwicklung werden Sie zu einem wirklich bescheidenen Menschen und erlangen gleichzeitig wachsende Selbstachtung. Ihr Gipfelerlebnis wird zu einem Aussichtserlebnis. «Ich vermag mehr, als ich je zuvor dachte … aber ich vermag es nicht allein.» Sie bejahen. Kein Mensch schafft den Aufstieg zum Gipfel allein.

Zudem kommen Sie mit dem Gefühl der Uneigennützigkeit am Ziel an. Dankbarkeit äussert sich nicht nur darin, dass man sagt: «Ich stehe in jemandes Schuld», sondern darin, dass man dem Menschen, dem Freund, der Gemeinschaft, dem Land und Gott – die einem alle geholfen haben – dankt.

Wer sich dieses Gefühl der Dankbarkeit bewahrt, kann unmöglich ein eitler, egoistischer und eigennütziger Mensch werden. Das ist der Grund, weshalb wirklich erfolgreiche Menschen stets wahrhaft bescheiden sind! Auf der andern Seite sind erfolglose Menschen a) undankbar, b) eigennützig und c) weiteren Misserfolgen ausgesetzt! Ein solcher Mensch beklagt sich in seiner Undankbarkeit. Und diese Haltung des Sich-Beklagens und der Undankbarkeit nährt sein Selbstmitleid, seinen Eigennutz und seine Unreife. Ein solcher Mensch wird noch egoistischer, noch eigennütziger und ist noch mehr auf den eigenen Vorteil bedacht. Mit der Zeit verliert er alle positiv eingestellten Freunde und vereinsamt; in seiner Lebenshaltung, die er dadurch einnimmt, sind weitere Misserfolge vorprogrammiert.

Sind Sie ein dankbarer Mensch? Haben Sie kürzlich ein Gipfelerlebnis gehabt? Einen Sieg errungen? Etwas Grosses vollbracht? Eine grossartige Erfahrung gemacht? Ein Erlebnis, das Ihnen bestätigte, dass Sie besser oder grösser sind, als Sie dachten? Wenn nicht, so müssen Sie heute noch damit beginnen: Danken Sie Gott für das, was Sie haben. Beine? Augen? Ohren? Hände? Die Fähigkeit, Grosses zu träumen? Schön! Dann sind Sie auf dem richtigen Weg! Suchen Sie sich jetzt einen Berg aus, und beginnen Sie zu klettern!

Kapitel 5

Das Geheimnis des erfolgreichen Bergsteigens

Jeder, der Erfolg haben will, kann Erfolg haben. Erfolg kann verschiedene Formen annehmen. Es ist zum Beispiel ein Erfolg, wenn man eine Operation gut übersteht oder wenn nach einem Unfall alle Verletzungen ausheilen. Es ist ein Erfolg, wenn man nach einer schmerzlichen Zeit der Ablehnung oder nach einer Scheidung ein neues Leben anfängt. Ein Erfolg ist es aber auch, mit 65 eine neue Laufbahn einzuschlagen. Was immer es ist – Sie können Erfolg haben.
Glauben Sie an den Erfolg. Erfolg heisst in sich selbst und in anderen Menschen Selbstachtung aufbauen, indem man sich aufopfernd in den Dienst Gottes und seiner Mitmenschen stellt. Sie können wohl zu Reichtümern, Ruhm und Ehren kommen – solange Sie dabei nicht auch Selbstachtung entwickeln, ist all das, was die Welt unter Erfolg versteht, bloss Schutt und Asche. Das Geheimnis des Erfolgs besteht darin, ein Bedürfnis zu finden und es zu befriedigen.

E-R-F-O-L-G

E: Erwählen Sie Ihr Ziel.
R: Räumen Sie mit dem negativen Denken auf.
F: Fixieren Sie Ihren Weg.
O: Opfern Sie sich (ja, auf dem Weg zum Erfolg gilt es immer ein Kreuz zu tragen!).
L: Lassen Sie sich durch Probleme und Schwierigkeiten nicht abhalten.
G: Geben Sie nicht auf (Sie schaffen es, ausser Sie sagen sich: «Ich geb's auf»).

Das alles spricht sich ERFOLG aus!

Glauben Sie, dass Sie es können, und Sie werden erfolgreich sein! Sie werden erleben, wie die Leute von Ihnen sagen: «Es ist ihm gelungen! Er hat die Spitze erreicht! Er hat's geschafft! Er hat gewonnen!» Entdecken Sie, wie umfassend und unabänderlich die Erfolgsgesetze in Tat und Wahrheit sind.

E: Erwählen Sie Ihr Ziel

Wer nicht zielt, trifft nicht. Wenn Ihre Ziele unklar sind, werden es auch Ihre Leistungen sein. Wenn dagegen Ihre Entscheidungen exakt sind, werden Sie auch exakte Ergebnisse erzielen. Erwählen Sie Ihr Ziel. Es ist für mich einfach unglaublich, wie viele Menschen ihr ganzes Leben gedankenlos der Laune des Schicksals überlassen. Die überwiegende Mehrheit der Menschen nimmt nie das Steuer in die Hand. Sie alle leben ziellos in den Tag hinein. Sie planen nicht!

Wählen Sie des weiteren das richtige Ziel. Haben Sie von jener Firma gehört, die eine neue Hundenahrung entwickelte? Alle notwendigen Nährstoffe – Protein, Mineralien, Fette und Kohlehydrate – waren im Produkt enthalten. Die Firma lancierte es mit einer völlig neuen Verpackung und einem landesweiten Werbefeldzug, der ganzseitige Inserate und gekonnte Fernsehspots umfasste. Alles war wohlgeplant und deutete auf einen Erfolg hin. Nach sechs Monaten sanken die Verkaufszahlen, die nur langsam angestiegen waren, auf Null. Der Verwaltungsratspräsident rief alle Gebietsverkaufsleiter zu einer grossen Sitzung in Chicago zusammen. «Was ist eigentlich los?» fragte er. «Schauen Sie mal die schönen ganzseitigen Anzeigen in den Zeitungen des ganzen Landes an; schauen Sie mal die teuren Fernsehspots.»

Er hielt eine Schachtel dieser Hundenahrung auf und zeigte auf die Rückseite. Er las den Text und bewunderte die prächtige Verpackung. «Unser Preis liegt sogar tiefer als derjenige der Konkurrenz», fügte er hinzu. «Jetzt sagen Sie mir gefälligst, weshalb Sie diese Hundenahrung nicht verkaufen!»

Man hätte eine Stecknadel fallen hören können. Ganz hinten im Konferenzraum erhob sich langsam ein Mann und sagte: «Herr Präsident, die Hunde mögen es nicht.»
Das Geheimnis des Erfolgs findet man nicht, indem man in einem mit Plüschvorhängen ausgestatteten Büro im teuren Ledersessel sitzt und sich seinen Träumen hingibt. Das Geheimnis des Erfolgs besteht darin, ein Ziel zu wählen, indem man ein Bedürfnis aufspürt und es befriedigt. Finden Sie eine Wunde und heilen Sie sie. Finden Sie jemanden, der ein Problem hat, und bieten Sie ihm Ihre Hilfe an.

E: Erwählen Sie Ihr Ziel und
R: Räumen Sie dann mit dem negativen Denken auf.

Ich sprach einst mit einem Manager, der mir sagte: «Es ist mir misslungen, aber es ist nicht mein Fehler.» Wissen Sie, weshalb er das sagte? Weil er die Schuld allen anderen zuschob. Er fluchte über die Gewerkschaften, die Regierungsverordnungen, die Steuergesetze und die Konkurrenz. Ich sagte ihm so nett, aber doch so bestimmt, wie ich konnte: «Was Ihre Rückschlüsse angeht, so haben Sie – im Gegensatz zu den anderen – die Flinte ins Korn geworfen. Sie haben sich gesagt: ‹Ich geb's auf.› Sie haben den Rückzug geblasen.» Schliesslich gab er zu: «Ja, das habe ich gemacht.»
Wenn Ihnen etwas misslingt, so deshalb, weil Sie beschlossen haben, Misserfolg zu haben. Im folgenden einige Gründe, weshalb viele Menschen beschliessen, Misserfolg zu haben. Der Preis ist zu hoch. Rückhaltloses Engagement ist zu aufwendig (wenn Sie sich für etwas vollkommen einsetzen, schalten Sie alle anderen Möglichkeiten und Alternativen aus), so dass das Risiko zu gross ist. Ihre Sicherheit oder Ihre Freiheit wird vom totalen Einsatz bedroht. Denken Sie immer daran: Geschäftspartner, die Familie, Freunde oder Feinde können Ihnen Probleme schaffen, aber nur Sie allein – und kein anderer – trifft letztlich die Entscheidung aufzugeben. Noch nie ist jemandem etwas misslungen, es sei denn, er

habe die Flinte ins Korn geworfen. Sie allein haben die Wahl, Ihre Träume zunichte zu machen. Niemand anders kann diese Entscheidung treffen.
Sie müssen an den Erfolg glauben. Schliesslich besteht die andere Möglichkeit ja nur darin, an den Misserfolg zu glauben. Gott hat Ihr Leben nicht zum Misserfolg bestimmt. Denn wenn Sie Misserfolg haben, werden davon viele andere unschuldige Menschen mit betroffen. Den Misserfolg akzeptieren ist somit im Grunde genommen eine egoistische Tat.
Glauben Sie an den Erfolg, denn Erfolg haben bedeutet, den wundervollen Plan, den Gott für unser Leben bereithält, entdecken und ihn zur Vollendung führen.
Gott plant den Erfolg und glaubt an ihn!

E: Erwählen Sie Ihr Ziel.
R: Räumen Sie mit dem negativen Denken auf.
F: Fixieren Sie Ihren Weg.

Ihr Erfolg setzt ein, sobald Sie Ihren Weg zur Bergspitze festlegen. Machen Sie einen «Schlachtplan». Malen Sie sich aus, wie Ihre Mittel im Hinblick auf Ihre höchsten Ziele eingesetzt werden können. Entwickeln Sie einen Zwei-Jahres-Plan, einen Fünf-Jahres-Plan und einen Zehn-Jahres-Plan. Denken Sie voraus!

E: Erwählen Sie Ihr Ziel.
R: Räumen Sie mit dem negativen Denken auf.
F: Fixieren Sie Ihren Weg.
O: Opfern Sie sich.

Der Erfolg stellt sich nicht einfach so von selbst ein. Er erfordert einen echten und ernstgemeinten Einsatz. Je grösser der Plan, je höher der Gipfel, je riskanter das Unterfangen, desto höher der Preis. Ein grosser Erfolg verlangt deshalb immer ein grosses Opfer. Leider neigen wir immer dazu, den Weg des geringsten Widerstandes einzuschlagen. Schliesslich haben wir es so leichter und gehen ein kleineres Risiko ein. Zudem haben wir so mehr Musse. Doch am Ende des Weges gibt es kein herrlicheres Gefühl, als auf dem Gipfel angekommen zu sein, und wenn man sich dabei noch so geschunden und geplagt und verletzt hat. Keine Befriedigung ist grösser, als wenn wir unser Kreuz getragen, unseren Einsatz geleistet und das getan haben, was Gott von uns verlangt.

L: Lassen Sie sich durch Probleme und Schwierigkeiten nicht abhalten. Jedesmal wenn Gott Ihnen seinen Plan offenbart, scheint er unrealisierbar zu sein. Und doch lässt er sich verwirklichen, sofern Sie einen Schritt vorwärtsgehen. Machen Sie diesen einen lebenswichtigen Schritt; gehen Sie so weit, wie Sie nur können.
Erfolgreiche Menschen sind sich ihrer Unvollkommenheit immer bewusst. Niemand ist vollkommen. Sind Sie in Ihren Erwartungen getäuscht worden? So fragen Sie sich, was Sie falsch gemacht haben. Seien Sie bereit, wenn nötig, Ihre Vorgehensweise zu ändern. «Ich ziehe es vor, erfolgreich zu sein, als auf meine Weise vorzugehen», erkläre ich meinen Mitarbeitern. «Ich bin ja nicht auf einem Ego-Trip, sondern auf einer Reise zum Erfolg», füge ich vielfach hinzu, indem ich mich und andere daran erinnere, dass Menschen, die ihre Ansicht nie ändern, entweder perfekt sind oder … starrköpfig.
Bitten Sie Gott um seinen Beistand. Er steht mir bei, und ich bin überzeugt, dass er auch Ihnen beisteht. Ich sage: «Vater, ich glaube, ich habe Deine Botschaft verstanden. Ich glaube, dass dies Dein Plan für mein Leben ist. Wenn ich aber die Zeichen falsch deute, so schliess die Tür. Versperr den Weg. Mach es mir unmöglich, weiterzugehen. Wenn ich aber Deine Zeichen richtig deute, so öffne die Tür, damit ich den nächsten Schritt vorwärts machen kann.» Wenn Gott Sie führt und weiterführt, so geben Sie nie auf.

G: Geben Sie nicht auf.
Ja, wenn erfolgreichen Bergsteigern etwas eigen ist, dann ist es Ausdauer.

Das Ende der Strasse oder nur eine Kurve?

Als ich mit meiner Familie vom Mittleren Westen nach Kalifornien zog, fuhren wir über einen Bergkamm, auf dem wir anhielten, um auf das grosse Tal hinunterzublicken, das vor uns lag. So weit unser Auge reichte, verlief die Strasse schnurgerade. Doch je mehr wir uns dann dem nächsten Bergkamm näherten, desto mehr hatte es den Anschein, als würde die Strasse nicht weiterführen. Wir hielten aber nicht an, sondern fuhren weiter. Und tatsächlich, nach weiteren zwanzig Meilen auf dieser pfeilgeraden Strasse sahen wir, dass sie eine Kurve machte; wir fuhren weiter, und die Strasse wurde zur Passstrasse, die über die Berge führte. Genauso verläuft der Erfolg! Wir fahren los, selbst wenn uns eine gewaltige Bergkette jede weitere Sicht verdeckt. Wir fahren unbeirrt weiter, und das Strassenende wird im richtigen Augenblick zur Kurve.

Ich kann Ihnen sagen, welchen Plan Gott grundsätzlich für Ihr Leben hat. Dies ist ein allgemeingültiges Prinzip. Gott will durch Sie in Ihrer Umwelt etwas Schönes tun. Das ist seine Absicht, offen und in einem Satz gesagt. Gott hat Sie geschaffen, weil er Sie dort, wo Sie sind, verwenden will …

- um eine Wunde zu finden und sie zu heilen,
- um jemanden mit einem Problem zu finden und ihm zu helfen, es zu lösen,
- um jemanden zu finden, der in einen Engpass geraten ist, und ihm zu helfen, einen Ausweg zu finden und die Freiheit wiederzuerlangen,
- um jemanden zu finden, der darniederliegt, und ihn wieder aufzuheben und ihm neue Hoffnung und einen neuen Traum zu geben.

Glauben Sie also an den Erfolg und entscheiden Sie sich für den Erfolg; denn Sie sind verpflichtet, jemandem auf seinem Weg zu helfen. Es ist unmöglich, Erfolg zu haben, ohne dabei jemandem zu dienen. Glauben Sie also, dass Sie erfolgreich sein können, wenn Sie es wirklich wollen!

Kapitel 6

Wie man das Unmögliche zum Möglichen macht

Selbstsichere und sich selber bejahende Menschen sind Menschen, die grosse Möglichkeiten erkennen und sie sich zunutze machen, indem sie dem Von-Gipfel-zu-Gipfel-Prinzip nachleben. Sie sind es, die die Berge besteigen, sich auf gefahrvolle Abenteuer einlassen und schliesslich die Spitze erreichen.

Oben auf dem Berggipfel erwartet Sie die grosse Belohnung: der Blick auf Ihre schöpferische Kraft, die Vision Ihrer Grösse, der Einblick in den Menschen, der Sie in Wirklichkeit sind. So erhalten Sie des Lebens grösstes Geschenk: Selbstvertrauen. Selbstvertrauen kann man nicht erlernen, man muss es erlangen.

Und noch etwas: Ohne Selbstvertrauen keine Kreativität. Es gibt keinen Kurs für Selbstvertrauen. Selbstvertrauen erlangt man nicht auf dem Schulweg, sondern auf dem Lebensweg! Und auf dem Lebensweg erlangen Sie es nur dann, wenn Sie allein weiterschreiten und die auf Sie wartenden Herausforderungen annehmen. Denn so sind Sie der erste, der die gewaltigen Gelegenheiten erkennt, die auf diejenigen warten, die bereit sind, das Risiko zu tragen.

Als ich eines Morgens vor Tagesanbruch joggte, dachte ich so für mich: «Wie herrlich ist es doch, durch die Stille der zu Ende gehenden Nacht und des anbrechenden Tages zu laufen, zu spüren, wie das Blut durch meine Adern fliesst. Welch wunderbares Gefühl der Lebenskraft!»

Beim Laufen blickte ich auf und sah östlich von meinem Hause die Hügel im Sonnenlicht erstrahlen. Als ich in das westlich gelegene Tal blickte, sah ich dort die riesenhaften Schatten der Nacht, die sich schon längst hätten auflösen sollen, aber noch unschlüssig verweilten. In diesem Augenblick offenbarte sich mir etwas: Die hohen Bäume kamen als erste zu den Sonnenstrahlen!

Die aufsteigende Sonne liess die Baumspitzen golden erstrahlen, wogegen die Äste gleich über der Erde immer noch dunkel im nächtlichen Schatten lagen. Die ersten Sonnenstrahlen treffen zuerst die Bergspitzen, bevor sie im unten liegenden Tal eintreffen.

Gipfelstürmer sind die ersten Menschen, welche die Aussicht geniessen können. Menschen, die hoch oben stehen, erkennen die sich bietenden Gelegenheiten zuerst. Sie haben ein grösseres Blickfeld. Menschen, die sich in ihrem Leben Gipfelerlebnissen verschrieben haben, sind gewöhnlich die ersten, die aufbrechen. Ihnen gelingt alles, denn wenn sie eine Theaterkarte kaufen, stehen sie zuvorderst in der Reihe der Wartenden; sie haben sich Land gekauft, solange es noch billig war; sie nehmen Chancen vor den anderen wahr; sie sind den anderen voraus.

Sie haben gelernt, sich durchzusetzen und an die Spitze vorzudringen! Von ihrem Gipfel aus haben sie nicht nur den Blick auf die sich bietenden Chancen, sie erkennen auch die vor ihnen liegenden brachliegenden Möglichkeiten. Sie erblicken den Weg, der weiterführt. Das Von-Gipfel-zu-Gipfel-Prinzip.

Selbstsichere, sich selbst achtende und sich selbst vertrauende Menschen sind solche, welche die Möglichkeiten des Von-Gipfel-zu-Gipfel-Prinzips wahrnehmen. Ihre Einstellung gegenüber dem Unmöglichen ist anders. Die grösste Belohnung, die sie erhalten, wenn sie auf dem Gipfel ankommen, ist etwas, das weder in der Schule noch auf der Universität noch in der Gemeinschaft gelernt werden kann: Selbstvertrauen. Und Selbstvertrauen führt zu schöpferischem Denken.

Ich habe 25 Jahre lang über das positive Denken nachgedacht, geschrieben und es gelehrt; heute kann ich folgendes sagen: Die auffälligste Eigenschaft, welche aussergewöhnliche Menschen – im Gegensatz zu durchschnittlichen – besitzen, ist die, dass sie dem Unmöglichen gegenüber eine andere Einstellung haben.

Der aussergewöhnliche Mensch ist ein Durchschnittsmensch, der dem Unmöglichen gegenüber eine andere Einstellung hat. Dies ist der Grund, weswegen Menschen, die Gipfelerlebnisse haben

und bis auf die Bergspitze gelangen, sich nicht durch ihren Intelligenzquotienten oder ihren Doktortitel auszeichnen, sondern durch ihre Einstellung.
Das ist das ganze Geheimnis! Sehen Sie sich einmal alle grossen Menschen an. Die wirklich grossen Menschen stehen Schwierigkeiten und Hindernissen innerlich anders gegenüber. Diese ihre positive Haltung angesichts des Unmöglichen hebt sie mehr als alles andere von der mittelmässigen, selbstunsicheren Menge ab. Menschen, die Gipfelerlebnisse haben, sind solche, die grosse, scheinbar unmöglich zu bewältigende, aber zweifellos ehrenvolle Aufgaben mutig in Angriff nehmen. Und sie lösen sie im Namen Gottes, im Namen ihrer Mitmenschen, im Namen ihrer Vorfahren und im Namen ihrer noch ungeborenen Nachkommen. Sie machen das Unmögliche zum Möglichen, und genau das zeichnet sie als grosse Persönlichkeiten und überragende Gewinner aus. Sie fassen Grosses ins Auge, stehen hoch oben, und sind die ersten, die vom Licht der schöpferischen Ideen angestrahlt werden! Grosse Menschen sind Durchschnittsmenschen, die dem Unmöglichen gegenüber eine andere Haltung einnehmen. Was ich Ihnen sagen möchte, ist denkbar einfach. Wenn Sie vor etwas Unmöglichem stehen, haben Sie nur drei Möglichkeiten. Die erste besteht darin, sich vom Unmöglichen einschüchtern zu lassen. Das tun die meisten Menschen. Die zweite besteht darin, durch das Unmögliche frustriert zu sein. Dies ist bei den Verlierern der Fall. Und die dritte, vom Unmöglichen motiviert zu werden. Das trifft auf die Gewinner zu.

1. Eingeschüchtert

Was tun Sie angesichts einer Unmöglichkeit? Sie lassen sich vom Unmöglichen einschüchtern, 1. wenn Sie nichts unternehmen, weil Sie einen Misserfolg befürchten, 2. wenn Sie nichts unternehmen, weil Sie allfällige Kritik befürchten, 3. wenn Sie nichts unternehmen, weil der Erfolg ungewiss ist, 4. wenn Sie nichts unternehmen, weil Sie befürchten, der Aufwand sei zu gross, 5. wenn Sie nichts unternehmen, weil Sie nicht sicher sind, ob Sie die Angelegenheit perfekt erledigen können, 6. wenn Sie mit dieser wunderbaren, unmöglichen Idee nichts anfangen, weil Sie irgend etwas sehen, das nicht in Ordnung ist (bei der besten Idee stimmt irgend etwas nicht), 7. wenn Sie nichts unternehmen, weil Sie nicht sicher sind, ob Ihnen beim Gelingen der Sache auch der entsprechende Erfolg zuteil wird.

Wir sind dann eingeschüchtert, wenn wir vor einem Berg stehen und sagen, er könne unmöglich bestiegen werden. Der Gipfel überwältigt Sie und bringt Sie zum Verstummen. Sie ziehen sich zurück, geben auf und lassen sich vom Berg einschüchtern.

Ich habe schon an Sitzungen teilgenommen, an denen jemand eine glänzende, beispielhafte, schöpferische, Bedürfnisse befriedigende, Hindernisse wegräumende, Probleme lösende, rettende Idee vorbrachte. Dann meldete sich ein anderer und sagte: «Wir müssen bald abbrechen. Könnte nicht noch der Kassier Bericht erstatten?» Das zerstört die Idee bereits in ihrem Ansatz. Oder ein anderer sagt: «Das ist unmöglich!» Und das Wort «unmöglich» schüchtert die ganze Gruppe ein. Grosse Organisationen, Unternehmungen, Institutionen und Gesellschaften verwenden Drohung und Einschüchterung zur Demotivierung von Mitarbeitern. (Und dann wundern sie sich, warum die Leistung im Vergleich zu den investierten Mann-Stunden so gering ist.) Das Unmögliche bremst gewisse Menschen, spornt andere jedoch an. Lassen Sie sich vom Unmöglichen anspornen! Lassen Sie sich davon nicht einschüchtern!

Albert Einstein wurde einmal gefragt, wie er die Relativität entdeckt habe. Seine Antwort: «Ich habe einen unumstösslichen Grundsatz in Frage gestellt und in Zweifel gezogen.»

Wollen Sie das Geheimnis des Erfolges kennenlernen? Fragen Sie irgendeinen überaus erfolgreichen Menschen, und er wird Ihnen sagen: «Ich habe mich der Einschüchterung durch das Unmögliche widersetzt. Ich habe mich geweigert, das Unmögliche zu akzeptieren!» Wenn wir uns durch das Unmögliche einschüchtern lassen, gehören wir zu den Verlierern. Sobald wir zulassen, das es uns einschüchtert, sind wir bereits unterlegen.

2. Frustriert

Ein anderer Hemmschuh in einer sogenannten «unmöglichen» Situation ist die Frustration. Das heisst, dass Sie aus der Fassung gebracht wurden!

Der Unterschied zwischen Einschüchterung und Frustration ist recht deutlich. Ein Mensch, der eingeschüchtert ist, wurde zum Verstummen gebracht. Das Wort ist ihm entzogen worden. Er wurde aufs Abstellgeleise geschoben. Dies ist deshalb schädlich, weil es so tödlich ist. Ein frustrierter Mensch lebt dagegen noch. Er betet zu Gott, auf dass der Berg nicht dort sei. Er betet zu Gott, auf dass das Problem aus dem Weg geschafft würde. Er ist noch nicht unterlegen. Er hat nicht aufgegeben. Er ist immer noch so sehr am Leben, dass er frustriert sein kann, aber er begegnet der Situation negativ. Und da seine Haltung negativ ist, laden sich alle seine negativen Gefühle auf.

Es ist eine grundlegende psychologische und theologische Wahrheit: Kreativität entsteht nicht in der Spannung. Nur durch innere Ruhe kommt schöpferisches Denken zum Zuge. Jegliche Spannung unterbricht den Fluss schöpferischer Ideen!

Das Üble an der Frustration ist, dass wir versucht sind, nicht mehr positiv zu denken. Frustration fördert die Bereitschaft, negativen Gedanken nachzuhängen. Dies führt wiederum zu Spannung, die den Ideenfluss beeinträchtigt. Und neue, bislang unbekannte, hervorragende, beispielhafte Lösungen bleiben aus!

Ich erinnere mich noch, wie ich den Leiter eines südkoreanischen Kommandopostens traf, als ich dort auf Besuch war. Man erzählte mir, weshalb der kommandierende Oberst so hervorragend war. Mein Informant sagte mir: «Ich will Ihnen an einem Beispiel zeigen, was für ein toller Kerl er ist. Er ist ein wahrhaft positiv denkender Mensch. Vor einem Jahr standen wir vor einer ausweglosen

Situation. Er rief seine besten Pioniere und Adjutanten zu sich. Wir waren etwa zu zwölft. ‹Schauen Sie›, sagte er, ‹wir sind in einer unmöglichen Lage. Aber wir alle wissen das – ich will es daher von keinem von Ihnen hören. Ich will vielmehr, dass mit jeder einzelnen Gehirnzelle aller Köpfe in diesem Zimmer an Lösungen gearbeitet wird. Gehen Sie jetzt und erträumen Sie sich eine Lösung.› 48 Stunden später kamen wir alle zusammen mit einer grossartigen Idee. Er hatte uns motiviert, und das Unmögliche war zum Möglichen geworden!»

Lassen Sie sich vom Unmöglichen weder einschüchtern noch beirren. Das einzige Mittel, dadurch nicht frustriert zu werden, besteht darin, das Unmögliche als eine Chance, und nicht als ein Hindernis, anzusehen. Und die Chance wird Sie anspornen!

3. Motiviert

Lassen Sie sich anspornen, und zwar so sehr, dass Sie noch klügere Leute um Hilfe angehen, dass Sie auf andere wichtige Menschen hören können. Ich denke hierbei an einen Manager, der nicht auf seine Berater hörte, weil er Angst hatte, dass – wenn er ihre Ratschläge befolgte – sie gelobt und er nicht befördert würde. Die Folge davon war, dass keiner für die verschiedenen Probleme je eine Lösung vorbrachte und für keinen irgendwelches Lob abfiel. Das ganze Schiff sank, und er befand sich auf dem Schiff.

Wenn es in den zwischenmenschlichen Beziehungen zwischen Ihnen und einem anderen eine scheinbar unmögliche Situation gibt, so scheuen Sie nicht davor zurück, sich selbst zu fragen, inwieweit Sie zum Entstehen dieser Situation beigetragen haben.

Etwas sehr Aufschlussreiches ereignete sich eines Morgens, als ich auf dem Weg ins Büro war. Ich fuhr einen alten Wagen, den ich vor sieben Jahren gekauft hatte. Es war ein wirklich problemloses altes Auto. Einige Meilen vor unserer Kirche schaute ich auf den Tachometer und sah, wie der Kilometerzähler lief: 99 999,5 . . . 99 999,6 . . . 99 999,7 . . . 99 999,8 . . . 99 999,9 . . . und dann

00 000,0. Ich hatte ein neues Auto! Den ganzen Tag stand es auf dem Parkfeld mit nur drei Meilen auf dem Zähler.
Nun, wir alle wissen, dass das Alter eines Wagens nicht vom Kilometerzähler abgelesen werden kann, so wenig wie man ein Buch aufgrund seines Umschlags beurteilen kann. Ein Wagen wird nicht neu, nur weil auf dem Zähler 00 000,0 steht. Dieser Wagen kann nicht in einen neuen Wagen verwandelt werden. Aber Sie können in einen neuen Menschen verwandelt werden!
Sie werden ein neuer Mensch, wenn Sie eine der wichtigsten Lebenslektionen lernen: Jedes Problem ist eine verborgene Chance. Jede Unmöglichkeit ist eine wunderbare Gelegenheit, eine Gelegenheit,

1. ein Geschäft zu beginnen,
2. Ihr Geschäft zu verbessern,
3. eine neue Karriere aufzubauen,
4. neue Beziehungen anzuknüpfen,
5. eine vernachlässigte Beziehung wieder aufzufrischen,
6. ein neues Produkt zu erfinden,
7. innerlich zu wachsen,
8. Ihre Fehler kennenzulernen, sich Dingen bewusst zu werden, die Ihre Klarsicht behindert haben, oder
9. allein zu sein, um nachzudenken, zu meditieren und Probleme durchzudenken
   oder? oder? oder?

Was immer Sie unternehmen, denken Sie stets daran: Nichts geschieht, wenn sich kein schöpferischer Mensch einer unmöglichen Situation annimmt! Die Unmöglichkeiten von heute sind die Erfolge von morgen. Kein Fortschritt wird eingeleitet, wenn sich nicht jemand mit etwas seit langem Unmöglichem auseinandersetzt. Auf einen Berg steigen? Den Versuch unternehmen, auf den Gipfel zu gelangen? Stehen Sie vor etwas Unmöglichem? Gut so! Denn Gott versucht eben, Sie anzuspornen. Sie haben Ihre wirkliche Kraft noch nicht entdeckt.

Kapitel 7

Drei Wege zum Gipfel

Wir wollen uns nochmals in Erinnerung rufen, was wir unter dem Von-Gipfel-zu-Gipfel-Prinzip verstehen. Ein Gipfelerlebnis ist ein Erfolgserlebnis, das Erlebnis, etwas erreicht, etwas vollbracht zu haben, das unsere Selbstachtung fördert. Das Gipfelerlebnis verschafft uns ein Aussichtserlebnis, eine Vision noch grösserer Leistungen, zu denen wir fähig sind, wenn wir 1. glauben, 2. beginnen, 3. uns vor negativem Denken hüten und 4. uns des erzielbaren Erfolgs gewiss sind.

Ohne das Erlebnis, das man oben auf dem Berggipfel hat, werden Sie nie das Erlebnis einer Vision haben. Ohne das Erfolgserlebnis einer persönlichen Leistung wird es Ihnen am Glauben an die noch grösseren Fähigkeiten fehlen, die immer noch in Ihnen schlummern. Wir beide, Sie und ich, brauchen ein Gipfelerlebnis, um zu einem Aussichtserlebnis zu gelangen.

Es gibt drei Wege zum Gipfel, die wir einschlagen können, drei Einstellungen, mit denen die Menschen versuchen, zum Erfolg zu gelangen. Sie lassen sich mit drei einfachen Wörtern formulieren, die für uns lebenswichtige Grundsätze enthalten. Den ersten Weg bezeichne ich als den Zufallsweg, den zweiten den Chefweg und den dritten den Kreuzweg.

1. Der Zufallsweg

Zunächst gibt es einmal den Weg des Zufalls. Gewisse Menschen haben dem Leben gegenüber eine leichtfertige Einstellung: keine Pläne, keine Ziele, keine Verpflichtungen. Würde wohl jemand eine Münze aufwerfen, um zu entscheiden, von welcher Seite her er den Mount Everest besteigen soll? Natürlich nicht. Das wäre ja lächerlich.

Und doch ist dies genau das, was Millionen von Menschen mit ihrer Haltung der persönlichen Entwicklung gegenüber tun. Sie leben in den Tag hinein, haben keine Verpflichtungen, keine Ziele und keine Pläne. Das Leben ist für sie ein Zufall.
Warum wohl? Es gibt dafür zwei Gründe. Der erste ist der, dass sie das Leben einfach nicht ernst genug nehmen. Ihren Zielen stehen sie mit einer Entweder-so-oder-dann-eben-so-Haltung gegenüber. Ich begreife nicht, wie jemand in gewissen Umständen eine solche Haltung haben kann. Ein Beispiel: Bei einem Fussballspiel war ich auf der Seite der U.S.C.-Mannschaft, die ihre Gegner, die Michigan-Mannschaft, schlug. Am nächsten Morgen traf ich einen guten Freund an, der dem Spiel ebenfalls beigewohnt hatte. Ich sagte zu ihm: «War das nicht ein herrliches Spiel?» – «Ja», meinte er. Da kam mir etwas in den Sinn, und ich wurde etwas verlegen. «Ray», entschuldigte ich mich, «es tut mir leid, ich vergass, dass du auf der Seite von Michigan warst.» – «Nein, nein», wehrte er ab, «ich war von Anfang an weder für die eine noch für die andere.» – «Ray, du solltest wissen, dass du nicht so eingestellt sein kannst, wenn du zu einem Fussballspiel gehst. Ich meine damit, du musst dich innerlich entscheiden, ob du für die eine oder für die andere Seite bist, oder nicht?»
Vielleicht ist das nicht richtig. Vielleicht kann man sich bei einem Fussballmatch sagen: Entweder gewinnen die oder dann eben die anderen. Doch in seinem Leben darf man nicht so denken. Menschen, die etwas vollbringen, haben nur ein Ziel vor Augen. Sie halten es nicht mit beiden Parteien. Sie nehmen das Leben ernst!
Der zweite Grund, weshalb Menschen im Leben den Zufallsweg einschlagen, ist der: sie nehmen das Leben zu ernst. Sie nehmen es so ernst, dass sie sich vor Misserfolgen, Niederlagen, Verletzungen oder Zurückweisungen fürchten. Sie begegnen dieser schwelenden Angst, indem sie sagen: «Nun, ich mache mir mal keine Sorgen. So schlimm wird's wohl nicht sein.» Ihre sogenannt sorglose Haltung ist im Grunde genommen nur ein falscher Verteidigungsmechanismus; denn sie machen sich viel zu viel Sorgen. Gerade weil sie das Leben zu ernst nehmen, müssen sie so tun, als

würden sie es auf die leichte Schulter nehmen. Ihre Überlegung geht dahin, dass sie bei einem Misserfolg immer sagen können: «So viel hat mir das sowieso nicht bedeutet.» Solche Menschen sind unehrlich. Sie nehmen das Leben so ernst, dass sie ihre ganze Taktik auf ihre mutmasslichen Misserfolge ausrichten.

Vor kurzem sprach ich mit einem jungen Mann. Er ist ein wunderbarer Mensch und ein guter Freund. Letztes Jahr wurde seine Ehe geschieden. Und jetzt steht er wieder vor der Scheidung und damit wieder vor einem Jahr des Alleinseins. «Ich hoffe, dass dies das glücklichste Jahr deines Lebens wird», sagte ich zu ihm. Ihm kamen die Tränen, worauf ich ihm diesen Ratschlag gab: «Bau auf deinen Hoffnungen auf. Bau nicht auf deinem Schmerz auf.» Bauen Sie Ihre Zukunft nicht auf dem Scherbenhaufen, bauen Sie sie auf Ihren Träumen auf.

Jedermann hat seine Sorgen, seine Rückschläge. Jeder von uns wird einmal abgelehnt, zurückgewiesen. Wenn Sie auf diesen schmerzlichen Erfahrungen aufbauen, kommen Sie nach und nach auf den «sorgenfreien» Weg des Zufalls und sagen: «Das kümmert mich nicht.» In einer solchen Einstellung sind weitere Misserfolge bereits vorprogrammiert. «Wen kümmert das schon?» Das ist der Weg des Zufalls.

Erkennen Sie den Widerspruch? Solche Menschen haben sich entschieden, nicht zu entscheiden. Und so wird die Wahllosigkeit zur Wahl. «Werfen wir doch eine Münze auf.» Kein Wunder, dass ihnen alles misslingt. Das ist bestimmt nicht der Weg zum Gipfel, und doch ist dies der Weg, den viele Menschen einschlagen.

2. Der Chefweg

Den zweiten Versuch, auf die Spitze zu gelangen, können wir ironisch als Chefweg bezeichnen. Solche Menschen sagen: «Sagen Sie mir nicht, was ich zu tun habe. Ich weiss, was ich will!» oder: «Sie brauchen mir nicht zu sagen, dass ich auf der Südseite nicht auf den Berg hinaufklettern kann. Ich habe einmal in einem Buch gelesen, dass es Menschen gibt, die das schon gemacht haben. Behelligen Sie mich also nicht mit zusätzlichen Hinweisen. Belästigen Sie mich nicht mit den Tatsachen. Ich habe mich bereits entschieden.»

Zu dieser Kategorie zählen vier Menschentypen, die den Chefweg gehen. Zunächst ist da einmal jener Mensch, der ein klein wenig Erfahrung hat, allerdings nicht genug. Ein solcher Mensch neigt dazu, Chef zu spielen. Wie schon so oft gesagt: Nur ein bisschen Erfahrung und halbe Kenntnisse sind eine gefährliche Sache. Er sagt: «Ich habe ein Buch über das Bergsteigen gelesen. Ich weiss, wie man auf Berge steigt.» Der zweite Typ Mensch, der den Chefweg einschlägt, ist der Mensch mit zu viel Erfahrung. Es ist gefährlich, zu wenig zu wissen, aber mindestens ebenso verhängnisvoll, zu viel zu wissen. Solche Menschen wissen, dass dies und das nicht geht, weil sie es schon einmal ausprobiert haben und es ihnen misslungen ist. Das ist ihr Problem. Sie meinen, sie wüssten das alles, und geraten in ihrem Denken in eine Sackgasse.

Dabei gibt es neue Erfindungen, die es zu berücksichtigen gilt. Es gibt neuartige Stahlhaken, die in den Fels geschlagen werden können, welche damals noch nicht erfunden waren. Es gibt Seile aus neuem Material, das zur Zeit, als jene Leute kletterten, noch nicht bekannt war. Jene Menschen sind schlicht und einfach nicht mit der Zeit gegangen. Vielleicht sagen Sie: «Ich weiss, dass die Unternehmung von dieser Idee nichts wissen will» oder: «In den letzten zehn Jahren habe ich mit dieser Unternehmung hundertmal zu tun gehabt.» Warten Sie einmal! Wie können Sie das wissen? Vielleicht hat der Verwaltungsrat gewechselt. Vielleicht ist dort ein neuer Geschäftsleiter. Oder er hat seine Meinung geändert.

Es gibt noch einen dritten Menschentyp, der den Chefweg einschlägt. Jene Menschen, die immer ihren Willen durchsetzen. Viele Führungskräfte und Persönlichkeiten handeln nach eigenem Gutdünken, bis sie irgendwann mit der zeitlosen Wahrheit konfrontiert werden, die besagt: «Es ist wichtiger, recht zu haben, als den eigenen Willen durchzusetzen.» Oder bis sie gewahr werden: «Es ist wichtiger, erfolgreich zu sein, als nach eigenem Gutdünken zu handeln.» Anders gewendet: «Es ist mir lieber, erfolgreich zu sein, als meinen Willen durchzusetzen.» Grosses gelingt dem Menschen, der nicht darauf beharrt, ständig seinen Willen durchzusetzen.

Selbstbezogen oder erfolgsorientiert?
Der vierte Menschentyp, der den Chefweg begeht, weiss nicht, wie er seine Meinung ändern soll. Das sind jene Menschen, die auf keinen Entscheid zurückkommen können und das Gesicht nicht verlieren wollen. Sie haben allen verkündet, was sie tun werden, und glauben, das Gesicht zu verlieren, wenn sie einen andern Weg einschlagen. Ich ziehe es vor, den Kurs zu ändern und sicher im Hafen zu landen, als das Gesicht zu wahren und auf offener See unterzugehen. Falls ich je Schiffskapitän sein sollte, so würde ich viel eher im Hafen verlegen dastehen und zugeben, dass ich etwas vergessen habe, als die mir selbst schadende Warnung in den Wind zu schlagen und zu erkennen, dass ich auf hoher See, wo keine Hilfe möglich ist, falsch gehandelt habe.
In einem früheren Kapitel sagte ich: «Menschen, die ihre Ansicht nie ändern, sind entweder perfekt oder starrköpfig.»
Niemand ist perfekt. Und wer würde schon zugeben, borniert zu sein? Keiner. Was geschieht, wenn Sie Ihre Meinung ändern? Verlieren Sie das Gesicht? Überhaupt nicht. Sie gewinnen Achtung. Sie legen offen dar, dass Sie kein perfekter und kein bornierter Mensch sind. Wenn Sie diesen geistigen Prozess vollziehen, verlieren Sie das Gesicht nicht, wenn Sie Ihre Meinung ändern. Im Gegenteil, Sie wahren das Gesicht erst recht, weil die anderen Menschen Ihre Offenheit und Ehrlichkeit als Charaktereigenschaft erkennen.

3. Der Kreuzweg

Das dritte Vorgehen ist der einzige erfolgreiche Weg zum Gipfel: der Kreuzweg. Was verstehe ich unter «Kreuzweg»? Ich meine damit die Opferbereitschaft, zu der wir herausgefordert sind. Es gibt keinen Erfolg ohne Opferbereitschaft. Auf dem Kreuzweg gehen heisst, sich selber verleugnen. Es gibt keinen Erfolg ohne Selbstverleugnung. Wenn ich erfolgreiche Menschen betrachte, in deren Leben ein Gipfelaufstieg um der andere erfolgt, erkenne ich aber noch mehr als bloss Opferbereitschaft, Selbstverleugnung und Kampf: Das eigentliche Synonym für das Wort «Kreuz» ist das Wort «Demut».

Was heisst Demut? Ist es das Gegenteil von Stolz? Nicht unbedingt. Wahre Demut ist eine Art Stolz. Sie ist das, was ich opfernden Stolz nenne. Sie werden den Aufstieg zum Gipfel des Berges, also des Erfolges, nie schaffen, wenn Ihre Demut nicht so gross ist, dass Sie 1. sich selbst eingestehen, dass Sie Hilfe brauchen, und 2. jemanden bitten, Ihnen zu helfen. Kein Mensch kann allein zum Erfolg kommen. Dies ist schlicht und einfach unmöglich. Selbst der Künstler, der allein in einer Dachstube wohnt, ist auf jene angewiesen, die bereit sind, seine Bilder zu kaufen.

Die Stimme der Demut sagt uns: «Ich brauche Hilfe.» Für den Alkoholiker besteht das grösste Gipfelerlebnis darin, nüchtern zu sein.

Aber ein Erfolg stellt sich erst dann ein, wenn genügend Demut gegeben ist, um zu sagen: «Ich bin Alkoholiker, und ich brauche Hilfe.» Der stolze Mensch gibt nicht zu, dass er Rat und Unterstützung braucht. Und er verliert!

Als ich mich am Hope College auf die Vordiplom-Prüfungen vorbereitete, studierte ich sehr erfolgreich – mit Ausnahme der Mathematik des ersten Jahres. Beinahe wäre ich durchgefallen, nur weil ich nicht eingestehen wollte, dass ich nicht verstand, wovon der Lehrer sprach. Sobald es um Mathematik ging, stand ich am Berg. In der Geometrie fehlte mir jegliche Grundlage. Der Professor erklärte uns die Prinzipien der Geometrie, und ich hatte davon keine Ahnung. Ich wollte nicht die Hand aufheben und fragen, denn es hatte den Anschein, als kämen alle anderen in der Klasse mit. Schliesslich wollte ich nicht der einzige dumme Student in der Klasse sein. Ich bildete mir ein, es später dann schon zu verstehen. Später war dann beinahe zu spät. Solange ich mir nicht eingestand, Hilfe zu benötigen, konnte ich nicht mitkommen. Demut heisst um Hilfe bitten.

Weshalb fällt es uns so schwer, um Hilfe zu bitten? Ist es, weil wir nicht zugeben wollen, dass wir zuwenig wissen? Oder haben wir Angst, abgewiesen, zum Schweigen gebracht oder «fertiggemacht» zu werden? Warum wagen es Menschen, sich hohe Ziele zu setzen? Gibt es Menschen, die Kühnes denken, sagen oder versuchen? Sind das bescheidene Menschen? Eigennütziger Stolz führt zum Ruin. Ein Mensch, der nicht Kühnes denkt, sagt oder versucht, ist nicht demütig. Er ist vermutlich so stolz, dass er kein Risiko eingehen will und somit nicht kühn denkt, spricht oder handelt. So führt der eigennützige Stolz zum Misserfolg!

Wenn es Ihnen Ihr Stolz nicht zulässt, erfolgreich zu sein, so hindern Sie sich auf egoistische Weise daran, jener hilfreiche Mensch zu sein, der Sie sein könnten. In diesem Falle wird der Misserfolg gleich doppelt eigennützig!

Der opfernde Stolz dagegen ist das starke Selbstvertrauen, das uns an den Erfolg glauben lässt und uns den Mut gibt, Einbildung und Dünkel auf dem Altar irgendeiner edlen Aufgabe zu opfern, indem wir ohne falschen Stolz auf dem ganzen Weg bis zum Ziel um die nötige Hilfe und Unterstützung bitten.

So führt der opfernde Stolz zum Erfolg!

Der Mensch, der seinen Berggipfel erreicht, hat den Kreuzweg gewählt und ist so demütig gewesen, dass er 1. einen Misserfolg riskiert, 2. um Hilfe gebeten und 3. es gewagt hat, in einem Masse ratlos und verlegen zu sein, das es ihm ermöglichte, das Ziel uneigennützigen Erfolges zu erkennen: anderen bei der Erfüllung ihrer Bedürfnisse zu helfen.

Wovon träumen Sie? Welches ist Ihr Berg? Ihr Gipfel? Ist er hinter einer Wolke verborgen? Vielleicht kämpfen Sie gegen die Trunksucht an oder wollen wieder zur Schule gehen. Vielleicht wollen Sie ein Studium aufnehmen oder ein Nachdiplomstudium absolvieren oder eine bessere Ehe führen. Glauben Sie mir, der Kreuzweg ist der einzige Weg.

Kapitel 8

Sich für sein Ziel begeistern

Das Geheimnis des erfolgreichen Aufstiegs ist die dynamische Energie, die «Begeisterung» heisst. Diese Energie kann sich auf zwei Arten äussern: negativ und positiv.

Man erzählt sich die Geschichte jenes alten Mannes, der angestellt wurde, damit er auf einem Friedhof Gräber aushob. Er hatte dies zuvor noch nie gemacht, und seine Gräber waren entweder zu breit, zu lang oder zu tief. Als die Sonne unterging, war der alte Mann mit seiner Arbeit zu Ende. Von der langen Arbeit müde, setzte er sich nieder, lehnte sich gegen den Erdwall vor einem dunkeln Loch und schlief ein. Unterdessen fiel ein anderer Mann, der durch den Friedhof ging, in das ausgehobene Grab. Von panischer Angst gepackt, streckte er sich, so weit er konnte, aus und versuchte, sich hochzuziehen. Doch sooft er auch versuchte, stets fiel er in das dunkle, kalte Loch zurück. Da schrie er: «Werde ich hier je herauskommen?» Dies weckte den Totengräber, und er rief aus seiner dunklen Ecke: «Wer ist da?» Und mit einem Male kam der andere aus seinem Loch heraus!

Das ist es, was wir unter negativer Energie verstehen.

Es gibt unzählige Geschichten von Menschen, die in Zeiten der Angst oder der Krise ähnliche unmögliche Kraftleistungen erbracht haben. Negative Energie ist jene Energie, die aus negativen Gedanken und negativen Gefühlen heraus entsteht.

Eltern versuchen oft, ihre Kinder im Teenageralter anzuspornen, indem sie unbewusst Kräfte – wie Schuldgefühle, Angst, Verschüchterung und Drohungen – mobilisieren, die negative Energie freimachen. Doch die negative Energie hält nicht lange vor, denn diese Art Energie hat Überdruss zur Folge.

Mit Einschüchterungsversuchen und Drohungen wird auch in grossen Organisationen, Institutionen und Gesellschaften negative Energie ausgelöst. Gerade die letzteren züchten eine Energie heran, die vor allem durch diese negativen Mittel ausgelöst wird – in der Hoffnung, die Angestellten würden dadurch motiviert. Und dann wundern sich die Vorgesetzten noch, dass das Ergebnis im Vergleich zu den investierten Mann-Stunden derart dürftig ist! Negative Energie ist letztlich selbstzerstörerisch, da sie durch Furcht und Angst ausgelöst worden ist.

Es ist erstaunlich, wie viele Menschen ihr Leben mit einer Energie gestalten, die ihren Ursprung im Negativen hat. Das Resultat ist dann vielfach hoher Blutdruck, Nervenzusammenbruch, Magengeschwüre und Herzbeschwerden. Negative Energie zerstört die Seele, den Geist, die Gefühle, das Nervensystem, die Blutgefässe und das Herz.

Im Gegensatz zur negativen gibt es die positive Energie. Ob nun Ihr Bergsteigen wortwörtlich aufzufassen ist, indem Sie Berge wie die des Himalaja erklimmen, oder ob es im übertragenen Sinne bedeutet, dass Sie Hindernisse überwinden - der Erfolg hängt von der positiven Energie ab, die Sie befähigt, durchzuhalten.

Energie, die positiv ist, ist von Begeisterung genährte Energie. Begeisterung bewirkt eine derart positive Energie, dass Sie – auch wenn Sie körperlich erschöpft sind – den nächsten Morgen nicht erwarten können, um auf einen noch höheren Berg zu steigen. Positive Energie treibt Sie vorwärts. Begeisterung hebt Sie in die Höhe. Der Erfolg stellt sich immerfort ein.

Negative Energie ermüdet uns, positive dagegen stärkt uns. Positive Energie wird zu einer sich selbst erneuernden Kraft, die nie nachlässt. Sie haben ein neues Gipfelerlebnis, und dieses Gipfelerlebnis beflügelt Sie derart, dass Sie überzeugt sind, noch mehr zu erreichen, als Sie je gedacht haben. Sie sehen einen neuen Gipfel und machen sich an den Aufstieg. Oben angekommen, geniessen Sie eine noch grössere Aussicht. Diese wiederum löst noch grössere Begeisterung aus. Und diese macht noch mehr Energie frei. Und Ihre Erfolgsspirale dreht sich unaufhaltsam. Jede neue Errungenschaft vergrössert nur Ihre Energie, weil sie noch mehr Begeisterung entfacht. Das ist das ganze Geheimnis.

Positive Energie wird durch Begeisterung freigesetzt, die vom dynamischen Engagement einer Sache gegenüber herrührt, der die grösste Möglichkeit und Chance innewohnt, Menschen zu helfen. Deshalb ist Begeisterung eine positive Art von Energie! Sie ist die Energie, 1. mit Projekten zu starten, 2. Projekte durchzuziehen, 3. Projekte zu fördern und 4. Projekte zum Erfolg zu führen.

Wo kommt all diese Energie her? Sie kommt von Gedanken her. Diese Gedanken bewirken Gefühle, und diese Gefühle führen zu einer physischen Reaktion. Wenn der Gedanke negativ ist, wird daraus ein negatives Gefühl werden. Und die geistige Reaktion wird Verdruss sein. Wenn der Gedanke aber ein energiegeladener positiver Gedanke ist, so wird er positive Gefühle bewirken und einen mit Begeisterung erfüllen!

Und diese Begeisterung bewirkt die physische Reaktion der Vitalität. Sie sehen es am Ausdruck, in den Augen, fühlen sie im Blut, in den Muskeln. Sie ist der Quell eines vitalen Lebens! Sie können sich Begeisterung bewahren, indem Sie ständig von positiven Gedanken erfüllt sind.

Positive Energie führt folgendermassen zu immer grösserer Begeisterung: Ihre Begeisterung lässt Sie etwas beginnen, und Sie fangen an aufzusteigen. Indem Sie aufsteigen, haben Sie ein Gipfelerlebnis, und dank diesem Gipfelerlebnis suchen Sie sich einen noch höheren Gipfel aus und begeistern sich dafür! Das Von-Gipfel-zu-Gipfel-Prinzip!

Wenn Sie auf diesem noch höheren Gipfel angelangt sind, träumen Sie von noch mehr, setzen sich noch höhere Ziele und kommen auf noch grossartigere Ideen. Begeisterung ist eine positive, selbstwirkende, dynamische, sich ausweitende Energie, die von einem positiven Gedanken oder einer positiven Idee herrührt.

Nun zeige ich Ihnen vier äusserst wichtige Grundsätze, wie Sie die Begeisterung auslösende Kraft in einer Idee testen können. Jedem Projekt und jeder Idee müssen vier Merkmale eigen sein, wenn der Strom der Begeisterung fliessen soll.

1. Wahrheit

Das erste Merkmal ist die Wahrheit. Was immer Sie planen, beabsichtigen, bezwecken oder anstreben – wenn es sich nicht durch vollständige Wahrheit auszeichnet, stellt sich keine Begeisterung ein. Wie viele Menschen kennen Sie, die sich für etwas nicht voll begeistern können? Einer der Hauptgründe dafür liegt darin, dass viele Menschen in ihrem Privatleben nicht restlos ehrlich sind. Wenn Sie düstere, unlautere Geheimnisse mit sich herumtragen oder nicht ganz aufrichtig sind, können Sie sich nicht begeistern, denn Begeisterung setzt Freiheit der Gefühle voraus. Schuldbeladene Menschen sind emotional unfrei. Sie müssen sich in ihrem Gefühlsleben wandeln oder «die Katze aus dem Sack lassen» und ihre Unehrlichkeit offen darlegen.
Ein Mensch, der nicht ehrlich ist, legt unbewusst um seine innersten Gefühle einen Mantel. Menschen, die in ihrem Innersten unehrlich, falsch, unaufrichtig oder unecht sind, entwickeln im Gefühlsbereich eine Persönlichkeit, die sie nicht spontan und offen sein lässt. Um ihre Gefühle herum lassen sie eine Eisschicht wachsen. Dieser Schutzmantel bewahrt sie davor, völlig offene Menschen sein zu müssen und ihre Falschheit offen darzulegen. Das ist der Grund, weshalb der Heuchler nie erfolgreich sein kann. Es fehlt ihm an Gefühlskraft und Energie, die von Begeisterung herrühren! Deshalb entwickeln sich nur ehrliche Menschen zu wirklich begeisterten Menschen. Die Wahrheit muss daher im Mittelpunkt unseres Lebens stehen. Das ist das erste Merkmal.

2. Aussergewöhnlich sein

Das zweite Merkmal, das bei einem Plan, einer Idee oder einem Menschen Begeisterung auslöst, ist die Fähigkeit, aussergewöhnlich zu sein. Das Wort «Begeisterung», also «Enthusiasmus», kommt vom griechischen «en theos», was frei übersetzt «in Gott» heisst. In Form von aufbauenden, schöpferischen Ideen fliesst

Gott durch das menschliche Leben. Die Ideen Gottes, die uns erfüllen, zielen immer darauf ab, unsere unentdeckten oder brachliegenden Fähigkeiten aufzuzeigen und Wirklichkeit werden zu lassen. Begeisterung wird dann ausgelöst, wenn sich eine Idee des menschlichen Geistes bemächtigt, die diesen zu Höherem anspornt. Ich bin überzeugt, dass Gott diesen Begeisterung auslösenden Mechanismus so gestaltet hat, weil er weiss, dass jeder Mensch mehr erreichen sollte, als er derzeit erreicht, kühner denken sollte, als er denkt, und Grösseres planen sollte, als er gegenwärtig plant. Gott weiss, dass jeder Mensch – ob vier oder neunzig Jahre alt – immer gegen die Versuchung ankämpfen muss, zu faulenzen, auf Nummer Sicher zu gehen und Risiken zu vermeiden. Wachsen gehört zum Leben. Ansporn gibt es nur dort, wo die Fähigkeit zu wachsen gegeben ist. Dies kann auch Wachsen in qualitativer Hinsicht sein, aber Wachstum muss sein. Es ist wesentlich, zu wachsen, und das heisst, dass die Idee aussergewöhnlich sein muss. Ich bin sicher, dass ein Hügel in Kalifornien für einen Bergsteiger, der einen Achttausender bezwungen hat, keinen Reiz mehr hat. Die Fähigkeit, aussergewöhnlich zu sein, etwas mehr als vorher zu tun, es das nächste Mal noch ein bisschen besser zu machen, diese Fähigkeit ist eine Eigenschaft, die den Strom göttlicher Begeisterung verursacht und fliessen lässt.

3. Die Kraft der Selbstverwirklichung

Ein drittes wesentliches begeisterungsförderndes Merkmal ist die Kraft der Selbstverwirklichung. Ehe irgendeine Idee, ein Plan oder eine Herausforderung Begeisterung auslöst, muss die Aussicht auf Selbstverwirklichung gegeben sein. Selbstverwirklichung bedeutet, dass das Erfolgserlebnis beim Erreichen des Gipfels unser Selbstwertgefühl gewaltig wachsen lässt.
Dieses Bedürfnis nach Selbstverwirklichung ist theologisch wie auch psychologisch begründet. Wir sind Menschenwesen und nicht Affen. Die Menschen sind nach dem Bild Gottes geschaffen.

Die Bibel nennt uns die Kinder Gottes. Wir geniessen ein göttliches Privileg, die Würde von Königen.

Da wir königliches Blut haben, erlangen wir unsere Bestimmung erst dann, wenn sich unser das Gefühl geheiligten Stolzes bemächtigt. Und das ist es, was dieses ständige Bedürfnis nach Selbstverwirklichung nährt.

Ich habe schon oft gesehen, wie Menschen andere Menschen mit der dummen, beleidigenden Bemerkung «Sie sind auf einem Ego-Trip» abtun, wie wenn Selbstverwirklichung zwangsläufig eine Sünde wäre.

Die Bemerkung «Er ist auf einem Ego-Trip» will nicht unbedingt heissen, dass ein Mensch eingebildet ist. Die Wahrheit ist vielmehr die, dass jedes menschliche Wesen Selbstverwirklichung braucht. Jeder braucht einen Ego-Trip. Wer dies leugnet, läuft Gefahr, das Streben nach Würde, das jeder Mensch hat, zu missverstehen. Dieses Streben nach Würde ist ein instinktives göttliches Erbe, das jedem Vertreter der Menschenrasse eigen ist. Wo keine die Selbstachtung fördernde Erfolgsaussicht, wo keine Selbstverwirklichung ist, ist auch keine Begeisterung.

4. Opferbereitschaft

Die letzte Eigenschaft, die Begeisterung auslöst und in der Absicht, einen Berg zu erklimmen, enthalten sein muss, ist die altruistische Selbstverwirklichung.

Ein Ego-Trip ist tatsächlich gefährlich, in den Ansätzen teuflisch und letztlich selbstzerstörerisch, wenn er nicht aus der Absicht heraus geplant und unternommen wird, sich für andere zu opfern und ihnen zu dienen.

Ich bin auf einem Ego-Trip. Mein geistliches Amt gibt mir grösste persönliche Erfüllung und Zufriedenheit. Aber diese stellt sich nur in dem Masse ein, wie ich als Pfarrer den Menschen helfe. Kürzlich erlebte ich etwas Wunderbares. Ich besuchte einen Freund im Spital, der 82 Jahre alt ist und während 18 Jahren Mit-

glied meiner Kirchgemeinde war. Es war ein kalter und regnerischer Abend, und im Grunde genommen wollte ich viel lieber zu Hause bleiben und vor dem gemütlichen Kaminfeuer sitzen. Da mein Freund aber sehr krank war, fuhr ich dennoch zum Spital. Als ich sein Zimmer betrat, sah ich, wie seine Lippen zitterten und seine Augen sich mit Tränen füllten.
Er begrüsste mich mit flüsternder Stimme. Wir beteten zusammen und sprachen vom Jenseits. Bevor ich ihn verliess, nahm ich seine müden Hände und fragte ihn: «Was kann ich für dich tun?» – «Bob», antwortete er, «bleib einfach weiterhin mein Freund. Gib mir einfach weiterhin deine Liebe.»
Indem ich ihm meine Liebe gab und dafür seine Liebe bekam, trug ich zu meiner Selbstverwirklichung bei. Als ich das Spital verliess, wusste ich, dass ich einem Menschen, der am Ende seines Lebensweges angekommen war, geholfen hatte. Und es gibt kein besseres Gefühl als das. Es war das perfekte Gefühl der Selbstachtung. Ich hatte einem Menschen, der Hilfe brauchte, geholfen. In jenem Augenblick wurde mir mein «Gipfel» bewusst: ich war Gottes Kind. Auch Sie können dieses herrliche Gefühl des erlangten Stolzes, das die wahre Demut ist, erfahren. Dies mutet zwar wie ein Widerspruch an, ist aber die Wahrheit. Diese Selbstverwirklichung erwächst aus der Opferbereitschaft.

Das Kreuz läutert den Ego-Trip

Lassen Sie sich von Liebe erfüllen, indem Sie sich Ihre persönlichen Vergnügungen versagen, ein bisschen von der Zeit, während der Sie sich amüsieren könnten, opfern und sich in den Dienst des Lebens eines anderen Menschen stellen – und das aufopfernde Element heiligt den Ego-Trip. Das Kreuz ist es, das den Ego-Trip zu einer sicheren, befriedigenden und heiligenden Erfahrung macht – statt zu einem teuflischen Erlebnis.
Das Zurückstellen des eigenen Ichs – also die Selbstlosigkeit – ist es, was den Ego-Trip von den teuflischen Versuchungen reinigt und ihn zu einer der wunderbaren Äusserungen von Gottes Güte macht.

Das positive Denken wird Ihre Begeisterung unablässig aufrechterhalten, sofern die positiven Ideen der Wahrheit und Lauterkeit verpflichtet sind; dadurch werden Sie befähigt, aussergewöhnlich zu sein, sich selbst zu verwirklichen und anderen zu helfen.
Zeigen Sie mir einen Menschen, der wirklich dynamisch und voller mitreissender Tatkraft ist, und ich werde Ihnen einen Menschen zeigen, der von Gottes Gedanken getragen wird. Gottes Gedanken und Pläne enthalten weit mehr Chancen, als wir glauben. Wenn wir in Gott sind und Gott in uns ist, werden wir von wunderbaren Gedanken erfüllt. Seine Pläne enthalten unwahrscheinliche Möglichkeiten, und diese wecken in uns entsprechende Erwartungen.
Kein Wunder, dass unsere Begeisterung nie nachlässt. In Tat und Wahrheit hat sich unser eine Kraft bemächtigt, dank der wir den ganzen Weg bis zum Berggipfel zu gehen vermögen.
Auf diese Weise schöpft das Von-Gipfel-zu-Gipfel-Prinzip seine Kraft aus der Kraft, die durch dynamische Pläne von Gott herrührt. Diese Pläne werden

1. der Verbreitung der Wahrheit dienen,
2. aussergewöhnlich sein,
3. Aussicht auf Selbstverwirklichung geben,
4. von Ihnen Opfer verlangen, so dass die nötige Demut gewährleistet ist, damit Gott Sie zum Erfolg führen kann.

Kapitel 9

Ausdauer ohne Grenzen

Frage: Waren Sie schon einmal mit einem herausfordernden Plan konfrontiert, den Sie dann fallenliessen? Wissen Sie, weshalb Sie die Chance nicht wahrgenommen haben?
Frage: Was hält uns davon ab, im Leben Gipfelerlebnisse zu suchen? Weshalb gehen so viele Menschen den Problemen aus dem Weg, statt im Leben jene grossen Chancen zu nützen, die ihnen zu einem Gipfelerlebnis verhelfen würden und ihnen mehr Selbstvertrauen und Selbstsicherheit gäben? Auf diese Fragen gibt es mehrere Antworten.
Erste Antwort: «Nun, meiner Meinung nach vermeiden die Menschen Gipfelerlebnisse, weil sie die Anstrengung und den Aufwand fürchten.» Ja, dies ist zu einem Teil richtig, ist aber noch nicht die ganze Antwort.
Zweite Antwort: «Nun, die Menschen ziehen es vor, ein angenehmes und leichtes Leben unten im Tal zu verbringen.» Auch diese Antwort ist teilweise zutreffend, enthält aber immer noch nicht die ganze Wahrheit.
Dritte Antwort: «Sie klettern nicht auf die Bergspitze, weil sie nicht Gefahr laufen wollen, dass ihr Unterfangen misslingt.» Auch das ist richtig. Aber es ist immer noch nicht alles!
Im Grunde genommen ergreifen die Menschen ihre Chancen und die erfolgversprechenden Möglichkeiten nur deshalb nicht, weil sie glauben, dass sie dazu nicht die Ausdauer haben, sich bis zur Spitze hinauf hochzuarbeiten. Sie vertrauen nicht auf ihre Fähigkeiten und die Kraft, die es zum Hinaufklettern braucht. Sie sagen: «Was geschieht, wenn ich mich auf den Weg mache und dann völlig erschöpft auf halbem Weg am Berg steckenbleibe?»
In Kalifornien gibt es drei Wasserquellen: Reservoire, Brunnen und Quellen. In Nordkalifornien sind die Reservoire zu gewissen

Zeiten leer. Aber diese Reservoire sind nicht eigentliche Wasserquellen, sondern einfach Sammelbecken.
Schrecken Sie vielleicht deshalb vor grossen Chancen zurück, weil Sie glauben, nicht das Zeug zum ganzen Aufstieg bis zum Gipfel zu haben, weil Sie nicht sicher sind, die nötigen inneren Kräfte (gefühlsmässig, körperlich und geistig) zu haben, und weil Sie auf halbem Weg im Berg nicht erschöpft steckenbleiben wollen? Oder ist es, weil Sie glauben, die erforderliche Kraft nicht zu besitzen? In diesem Falle nehmen Sie die Herausforderung deshalb nicht an, weil Sie Ihre Kraft hauptsächlich aus einem Reservoir schöpfen. Sie zapfen gewissermassen Ihre eigenen Erfahrungen und Ihre eigene Kraft an, der natürlich klare Grenzen gesetzt sind! Es ist nämlich so, dass weder Sie noch ich die Kraft haben, uns bis zum Gipfel hochzuarbeiten, wenn wir uns bloss auf unsere eigenen Kräfte verlassen! Wenn man seine Kraft nur aus einem Reservoir bezieht, geht sie einem bald einmal aus.
In Kalifornien gibt es eine zweite Wasserquelle: den Brunnen. Brunnen sind besser als Reservoire, weil sie von unterirdischem Wasser gespiesen werden. Doch manchmal stehen wir in Kalifornien vor dem Problem, dass der Wasserstand so tief abfällt, dass gewisse Brunnen nicht mehr gespiesen werden und austrocknen. Es gibt Menschen, die ihre Energie und Ausdauer nicht vom Reservoir ihrer Erfahrungen und ihres Wissens hernehmen, sondern vom Brunnen des Geerbten: von der Familie und der Tradition. Gerade diese letztere kann ein gewaltiger Quell gefühlsmässiger Nahrung sein; aber Vorsicht: Brunnen können austrocknen!
Eine dritte Wasserquelle sind die Bergquellen, die vom Schmelzwasser der schneebedeckten Gletscher gespiesen werden. *Die Quelle fliesst vom schneebedeckten Berggipfel herunter!*
Wenn wir von der Quelle von Gottes Kraft trinken, erlangen wir emotionale Kraft. Das heisst Kraft, Begeisterung zu entfachen, Kraft, positiv zu denken, Kraft, negative Gedanken wegzuscheuchen, Kraft, auch unter gewaltigem Druck die innere Ruhe zu bewahren.

Unsere Ausdauer kann unbegrenzt sein! Wenn wir die Quelle anzapfen, verlassen wir uns nicht auf unsere eigene Kraft! Das wäre ja ein Reservoir. Wir dürfen uns nicht einfach auf unsere Geschäftspartner, Freunde oder auf unsere Familie verlassen; das wäre ja ein Brunnen. Wir haben eine Bergquelle! Wir sind mit dem Allmächtigen verbunden!

Rennen Sie nicht mehr von den sich Ihnen bietenden Gelegenheiten und Möglichkeiten weg! Bewegen Sie sich vielmehr auf die Erfüllung, die Verwirklichung und den Erfolg zu!

Sie haben vielleicht schon von Abraham Maslow, einem der grössten Psychologen unseres Jahrhunderts, gehört. Mit vielem, was er sagte, stimme ich überein. Er hat die Theorie des «Jonas-Komplexes» entwickelt. Maslow ist der Ansicht, dass jeder Mensch zweifellos besser sein möchte, als er ist. Wir alle sind bestrebt, uns zu verbessern. Dieses Streben bringt unsere Möglichkeiten zutage. Doch was hält uns zurück? Was hemmt uns? Maslow hat diese Kraft, die uns zurückbindet, als Jonas-Komplex bezeichnet. Er beschreibt, wie Jonas vor Gott flieht und sich damit von den grossen Möglichkeiten abwendet, die Gott für ihn bereithält.

Was bedeutet dieser Jonas-Komplex? Ganz einfach das: Es ist die Furcht vor der eigenen Grösse, die Flucht vor der eigenen grossartigen Bestimmung, die absichtlich getroffene Wahl, seine besten Talente brachliegen zu lassen. Wir fürchten uns vor dem Besten mehr, als wir uns vor dem Schlimmsten fürchten. Wir halten die Gegenwart eines Menschen, der moralisch weit unter unserem Niveau ist, ohne weiteres aus, fühlen uns aber in der Gegenwart eines moralisch untadeligen Menschen unwohl. Wir haben vor unseren grössten Möglichkeiten Angst! Weshalb ergreifen wir unsere Möglichkeiten nicht? Weil die weitverbreitete Angst vor einer Begegnung mit Gott besteht. Wir fürchten uns, mit Gott direkt konfrontiert zu werden, so wie wir uns fürchten, unsere eigenen Chancen und Möglichkeiten zu erkennen. Und deshalb kehren wir all dem den Rücken.

Erst kürzlich boten sich mir vier unerhörte Möglichkeiten, Möglichkeiten, die ohne Zweifel grosse Chancen waren. Als ich eines

Morgens meinen üblichen Dauerlauf absolvierte, nahm ich wie immer mein Gespräch mit Gott auf: «Mein Vater, ich habe so viel zu tun. Ich habe meine grosse Kirchgemeinde. Ich muss dieses Jahr ein Buch herausbringen, und ich habe jede Woche meine Fernsehsendung ‹Die Stunde der Kraft›. Mein Vater, ich habe genug auf dem Buckel. Projekte erfordern Geld, und alle Projekte brauchen auch Kraft. Ich weiss nicht, ob ich all das schaffe.» – «Du hast die Möglichkeit, diese Projekte fallenzulassen», sagte Gott zu mir, «keiner wird dies je erfahren. Doch in diesem Fall kämen viele Menschen nicht in den Genuss deiner Hilfe, wie wenn du diese neuen Herausforderungen annimmst!»
Jene Nacht ging ich früh zu Bett – in der Hoffnung, einen guten, erquickenden Schlaf zu halten; doch mitten in der Nacht wachte ich auf. Negative Gedanken wie selten zuvor machten sich breit. Ich erinnerte mich an meine Träume vor 25 Jahren, als ich mit nichts als mit dem Aufruf Gottes nach Kalifornien kam, eine Kirchgemeinde aufzubauen. Ein Traum! Der Preis war hoch – und ist es heute noch. Kostspielige Verpflichtungen, Druck, das Risiko des Misserfolgs, Kritik, Angst, missverstanden zu werden, und die Befürchtung, dass meine Beweggründe in Frage gestellt werden. Manchmal bleibt einem nichts anderes übrig, als Plato zuzustimmen, der sagte, er wolle so leben, dass er mit seiner Lebensweise seine Kritiker Lügen strafe.
Ich konnte nicht schlafen, und die negativen Gedanken bemächtigten sich meiner immer mehr, bis es schien, als harrte Panik neben meinem Bett, um mich zu überfallen. In jenem Augenblick betete ich dieses inbrünstige Gebet: «Mein Vater, vier Möglichkeiten lagen vor mir. Ich wollte sie nicht ergreifen. Wenn diese Pläne von Dir stammen und Du willst, dass ich sie verwirkliche, so gib mir bitte die Kraft, sie auszuführen, und die innere Ruhe, die mir sagt, dass es so richtig ist. Mein Vater, wenn Du mir aber die Kraft nicht gibst, so mach, dass ich mir diese vier Pläne aus dem Kopf schlagen kann. Ich überlasse es Dir, mein Vater. Ich möchte mir nicht sagen müssen: ‹Schuller, es hat dir am Glauben gefehlt.›»

Nach diesem Gebet legte ich mich flach auf den Rücken. Ich entspannte mich vollständig, bis ich meinen Körper nicht mehr spürte und das Gefühl hatte, zu schweben. Es war ein absolutes, transzendentes Gefühl des Friedens, das ich nur als eine Erfahrung des ewigen Lebens beschreiben kann: eine reine Seele in vollständigem Frieden. Ich spürte, wie mich die Gegenwart, der Friede und die Kraft meines Gottes erfüllten. Eine übermenschliche Kraft, eine Geisteskraft, eine Kraft des Herzens, eine Kraft des Körpers. Ich erfuhr eine phantastische Kraft, die, wie ich glaube, von Gott kam. Nie im Leben hatte ich mich je so stark gefühlt. In jenem Augenblick wusste ich, welchen Entscheid ich zu treffen hatte. Ich ging die Verpflichtung ein – und ich hatte Erfolg!
Sie können diese Kraft auch erlangen, wenn Sie sich Gott nähern. Ausdauer ohne Grenzen. Was für eine Forderung! Es gibt eine kosmische Intelligenz, Energie und Kraft – sie heisst Gott. Er verleiht eine unendliche Energie und Kraft, die uns unbegrenzte Ausdauer gibt. Ich habe einen Kernsatz, den Sie daraus ableiten sollten; es ist die kürzeste, aber wahrscheinlich die wichtigste Lektion in diesem Buch. Sie lautet: «Gott hat die Kraft, wenn du den Glauben hast.» Kein Mensch ist für Gottes Liebe zu gering, und kein Gipfel ist für uns zu hoch.

Kapitel 10

Warum Menschen den Misserfolg suchen

Am Ende meines Lebens wird vermutlich irgendeiner sagen: «Schuller war eine Niete ... im Golfspielen!» Und da hat er recht. Ich habe Golf gespielt, aber ich war ein derart schlechter Spieler, dass ich es aufgab. Ein anderer könnte auch sagen, dass ich im Tennis eine Niete war. Und auch das ist richtig. Aber ich war in diesen Sportarten absichtlich eine Niete; es war mein Entscheid und meine Wahl. Ich habe beschlossen, meine Zeit und meine Energie für anderes zu verwenden. Unser Erfolg oder Misserfolg beruht auf den Entscheidungen, die wir treffen.

Wenn Sie Misserfolg haben, so deshalb, weil Sie beschlossen, Misserfolg zu haben.

Warum suchen Menschen den Misserfolg? Was hält einen Menschen davon ab, einen Berg zu erklimmen und ein Gipfelerlebnis zu suchen?

Die Theologen sind sich darin einig, dass wir auf dieser Welt sind, um Gott zu lobpreisen und ihm ewig zu gefallen. Das ist gesunde Theologie. Und diesem gesunden theologischen Grundsatz fügen wir die folgende, damit im Einklang stehende psychologische Tatsache bei: Wer seine ihm von Gott gegebene Kraft und seine Möglichkeiten nicht entfaltet und im Hinblick auf eine Leistung nicht wahrnimmt, dessen Leben wird nicht zur Verherrlichung Gottes führen, so wie es könnte und sollte. Deshalb wird ein Mensch, der sich als Niete fühlt, instinktiv wissen, dass er Gott nicht so, wie er sollte, lobpreist.

Tom Lasorda, der Manager der Los Angeles Dodgers, erzählt gerne die folgende Geschichte: 1971 war er der Manager einer Mannschaft, die der zweiten Liga angehörte; in jenem Jahr verlor seine Mannschaft sieben Spiele hintereinander. Zur selben Zeit wählten die Sportjournalisten im ganzen Land die beste Mannschaft der ersten Liga aller Zeiten. Der Entscheid fiel mit überwiegender Mehrheit zugunsten der Yankees des Jahres 1927 aus. Nach dem siebenten verlorenen Spiel begab sich Toms Mannschaft erschöpft und niedergeschlagen in die Garderobe. Als er einige Minuten später dort eintraf, sassen seine Spieler deprimiert und mit hängenden Köpfen herum. «He, ihr Burschen, Kopf hoch!» schrie er sie an. «Ich will nie mehr sehen, wie ihr den Kopf hängen lasst. Wenn ihr jetzt auch sieben Spiele verloren habt, so heisst das noch lange nicht, dass ihr keine grosse Mannschaft seid. Ihr werdet jetzt zu siegen beginnen! Ihr wisst ja, dass gemäss der kürzlich erfolgten Umfrage die grösste Mannschaft der ersten Liga, die es je gab, die Yankees von 1927 waren. Und diese haben neun Spiele hintereinander verloren!» Plötzlich gingen die Köpfe in die Höhe, und der Ausdruck auf den Gesichtern wechselte. Das war der Wendepunkt. Die Mannschaft begann zu gewinnen, und am Ende der Saison war sie die beste!

Ein paar Tage später fragte Frau Lasorda ihren Mann: «Tommy, bist du sicher, dass die Yankees 1927 neun Spiele hintereinander verloren haben?» – «Woher soll ich das wissen?» war seine Antwort. «Ich war damals ja erst ein Jahr alt. Aber das hat die Wendung herbeigeführt!» Die Mannschaft musste wieder an sich glauben. Sie musste glauben, das Ziel zu schaffen!

Das, was wir glauben, bestimmt die Entscheidungen, die wir treffen. Und von unseren Entscheidungen hängt es ab, ob wir ein Gipfelerlebnis haben oder unten im Tal bleiben. Unser Erfolg und unser Misserfolg hängen von unseren Entscheidungen ab. Vielleicht sagen Sie jetzt: «Sicher, aber es gibt Menschen, die sich plötzlich mit unvorhersehbaren Problemen und Zwischenfällen konfrontiert sehen.» Das stimmt, aber auch in solchen Situationen bestimmen wir unsere Handlungsweise! Und diese unsere Handlungsweise beruht auf unserem bewussten oder unbewussten Entschluss, Erfolg oder Misserfolg zu haben.

Ich will mit ein paar zusätzlichen Erläuterungen verdeutlichen, weshalb Menschen Misserfolg haben.

Zunächst gibt es einmal Menschen, die erfolglos sind, weil sie auf der falschen Spur sind. Sie haben einen falschen Anschluss hergestellt. Sie sind mit Negativem verbunden. Sie sind mit negativ denkenden Menschen verbunden. Sie haben keine Verbindung zu Gott. Ja sogar strenggläubige Menschen sind gegen negatives Denken nicht gefeit. Wir können in der Bibel durchaus sehr bewandert sein und dennoch keine lebendige Beziehung zum lebendigen, liebenden Gott haben, der uns aufrichten und zum Berggipfel führen will. Er will uns jetzt ein erfülltes Leben geben. Er will uns mit einem ständigen Strom positiver Gedanken erfüllen.

Wenn ich jeweils von nichts Grossem träume, frage ich mich: «Bin ich auf der richtigen Spur? Bin ich an eine positive Quelle angeschlossen?» Viele Menschen sind einfach auf der falschen Spur. Andere wiederum haben Misserfolg, weil sie aufgegeben haben. Sie haben alles fahrenlassen. Sie haben ihre Träume ausgeträumt und sagen sich: «Ich schaffe es nicht.» Unter dem Sandsturm der Entmutigung erstickten ihre Träume bis zur Depression, Resignation und Enttäuschung.

Freunde sagen mir oft: «Schuller, ich hoffe, dass du erlebst, wie alle deine Träume Wirklichkeit werden!» – «Ich hoffe, dass ich das nicht erlebe, denn sonst sterbe ich, bevor ich tot bin», lautet jeweils meine Antwort, «denn in dem Augenblick, da man zu träumen aufhört, stirbt man.»

Träume erhalten uns lebendig. Wer keine Träume träumt, die jenseits seiner Grenzen liegen, liegt bereits im Sterben. Das ist der Grund, weshalb das Erreichen des Ziels gefährlicher ist als der Weg dazu.

Wir erlöschen, wenn wir aufhören zu träumen. Falls Sie derzeit in dieser Lage sind, so denken Sie bitte an folgendes: Menschen können Sie vielleicht frustrieren. Sie können Ihnen Hindernisse in den Weg legen. Von allen Menschen aber sind Sie der einzige, der Ihre Träume zerstören kann. Andere können sie ersticken, unterdrücken, hemmen oder eingrenzen, aber Sie sind der einzige Mensch, der letztlich sagen kann: «Ich geb's auf.» Andere mögen Sie an den Rand des Misserfolgs bringen, aber nur Sie allein können beschliessen, den Misserfolg zu akzeptieren.

Menschen können also den Misserfolg suchen, indem sie sich auf die falsche Spur begeben oder indem sie sich am Ende wähnen. Was ist aber der dritte Grund? Weil sie sich zurückziehen, weil sie abdanken.

Sie haben ihr Leben gelebt. Sie sehen keine Notwendigkeit, noch mehr Geld zu verdienen. Sie wollen nichts anderes mehr vollbringen. Sie wollen nicht weiterkommen. Sie haben ihre Erfolge gehabt. Ein Geistlicher unserer aufstrebenden Kirchgemeinde sagte mir einmal: «Ich bin am Erfolg eigentlich nicht interessiert.» Ich war erschüttert. «Sind Sie denn am Misserfolg interessiert?» gab ich zurück.

«Nein», meinte er, «ich kümmere mich weder um den Erfolg noch um den Misserfolg. Sie, Schuller, scheinen sehr auf Erfolg aus zu sein. Offenbar wollen Sie sich selbst oder irgend jemand anderem etwas beweisen. Ich für mich brauche niemandem etwas zu beweisen.»

«Es geht doch gar nicht darum, irgend jemandem etwas zu beweisen», ereiferte ich mich, «sondern darum, Gott zu beweisen, dass Sie aus Ihrem Leben etwas Grosses machen wollen, und den Menschen zu zeigen, dass Sie sich um sie kümmern.» Darum geht es.

Worin liegt der Zweck des Lebens? Gott zu verherrlichen und ihm zu gefallen! Gott will, dass wir Erfolg haben! Erfolg fördert unsere Selbstachtung durch echte Hilfeleistung. Erfolg ist nichts Egoistisches. Misserfolg dagegen ist ein eigennütziges Lebensziel, denn wenn wir uns für den Misserfolg entscheiden, dann sind wir erfolglos, weil wir nicht bereit sind, die für den Erfolg nötigen Opfer zu bringen. Ich kenne Menschen, die sich endgültig zurückgezogen haben. Diese Menschen haben kein Verlangen, im Leben noch etwas zu erreichen. Warum auch ein Risiko eingehen? Warum sich auch Gefahren aussetzen, wenn die Sache einem so viel abverlangt? Im Grunde genommen sind die Menschen faul. Der Preis ist ihnen zu hoch. Wer sich nicht mehr als unbedingt nötig anstrengen will, hat sich bereits den Misserfolg eingehandelt. Somit hat man auch keine weiteren Gipfelerlebnisse mehr.

Sich zurückziehen ist für mich keine Lösung. Bleiben Sie aktiv! Setzen Sie sich neue Ziele! Bewegen Sie sich innerhalb der Grenzen, die Sie neu abgesteckt haben, verschaffen Sie sich neue Gipfelerlebnisse durch persönlichen Einsatz und Leistung.

Es gibt noch einen vierten Grund, weshalb Menschen den Misserfolg suchen. Weil sie ausgebootet wurden. Man hat sie aufs Abstellgeleise gestellt. Sie haben es versucht, wurden aber abgeschoben. Sie sind verletzt worden. Sie erfahren von den anderen keine Wertschätzung. Vielleicht haben sie die nötige Unterstützung nicht bekommen und sind jetzt verärgert.

Im Film «Die Einsamkeit des Langstreckenläufers» verpflichtete sich ein junger Student bei einer Mannschaft. Mit der Zeit entstand zwischen ihm und dem Coach ein persönlicher Konflikt. Am Tage, als die Meisterschaften ausgetragen wurden, startete er schnell und lag immer vor den anderen. Er konnte seine Führung noch ausbauen, doch etwa vier Meter vor der Ziellinie hielt er an. Die anderen überholten ihn und gingen durchs Ziel. Er aber ging zu seinem verdutzten Coach zurück und sagte: «Du hast meinen Pokal nicht verdient.» Der Student hatte bewusst beschlossen, das Rennen zu verlieren, weil er auf seinen Coach wütend war und für diesen nur Hass empfand.

Gott allein weiss, wie viele Menschen keine neuen Gipfel erklimmen, nur weil sie eine masslose Wut auf ihren Mann, ihre Frau, ihren Vater, ihre Mutter, ihre Schwester, ihren Chef, ihren Lehrer, ihren Coach oder ihre Firma haben!

Es fällt schwer, zu sagen, wie viele Menschen den Misserfolg suchen, weil sie mit Gott, der Welt oder dem Leben hadern. Und wie viele Menschen suchen immer noch den Misserfolg, weil sie mit jemandem abrechnen wollen? Der Student etwa, der seinem Professor etwas heimzahlt und einen schlechten Abschluss macht, weil er beweisen will, dass der Professor ein schlechter Lehrer ist. Der Spieler einer Mannschaft etwa, der auf dem Spielfeld absichtlich einen Bock schiesst, weil er auf einen anderen Spieler wütend ist. Er will alle seine Mannschaftskollegen strafen, weil etwas nicht nach seinem Kopf ging.

Menschen suchen also den Misserfolg, weil sie entweder auf der falschen Spur sind, sich am Ende wähnen, sich zurückziehen oder ausgebootet wurden. Wieder andere sind erfolglos, weil sie in der dreckigen Strasse der negativen Gedanken eingesunken sind! Sie bleiben stecken. Sie sehen keine Berggipfel. Sie setzen sich weder neue Ziele, noch treffen sie kühne Entscheide. Sie haben eine sichere Stelle und wollen sich nicht verändern. Wer auf solchem Lebenspfad geht, ist lebendig begraben.

Bestimmte Menschen sind in Schuldgefühle verstrickt. Sie suchen den Misserfolg, weil sie glauben, den Erfolg nicht zu verdienen. Diese völlig verquere Einstellung ist nichts anderes als der Versuch, eine Schuld zu sühnen. Sie liegt in der Vorstellung begründet, dass der Misserfolg ein Beweis der Demut sei. Diese Menschen glauben, dass sie - wenn sie ihre Misserfolge demütig hinnehmen - wegen ihrer Demut von Gott geliebt würden.

Sie verherrlichen Gott in Demut, doch die grösste Demut besteht darin, so demütig zu sein, dass man sich für eine erfolglose Sache engagiert, die einem anderen zugute kommt. Das heisst demütig sein und Gott verherrlichen.

Wenn wir Gottes vergebende Gnade und Erlösung wirklich erfahren, werden wir von Schuld befreit. Gott nimmt uns dadurch als sein Kind an. Manche sind vom Gedanken der Selbstverurteilung besessen. Sie wissen nicht, wie sie gewinnen sollen, ohne zu verlieren. Einige Familienangehörige spornen sie vielleicht dazu an, den besten Abschluss zu machen oder ein Studium aufzunehmen oder einen neuen Gipfel zu erklimmen. «Ich hab' das Zeug nicht dazu», lautet dann ihre Antwort. Auf diese Weise erreicht man natürlich nichts. Und indem sie dann das, wovon sie sagten, sie würden es nicht schaffen, tatsächlich auch nicht schaffen, haben sie wenigstens als negative Propheten Erfolg gehabt. Somit besteht der einzige Weg zum Erfolg, den manche Menschen kennen, einzig und allein in der Absicht zu verlieren. Dann können sie sagen: «Ich hab's euch ja gesagt, dass ich es nicht schaffe.» Sie wollen nicht verlieren und nehmen deshalb auch keine Herausforderung an. Wer nie an einem Wettkampf teilnimmt, kann ja auch

nie verlieren, nicht wahr? Falsch! Viele verlieren, was sie hätten gewinnen können.
Gewisse Menschen verlieren wegen ihres Verhaltens. Sie fühlen sich zu gut, um einen Versuch zu unternehmen. Sie sind einer falschen Würde verpflichtet, die es ihnen nicht gestattet, mit einer erfolgversprechenden Strategie vorzugehen.
Ich kenne einen jungen Pfarrer, der ein derartiger intellektueller Snob war, dass er sich weigerte, auf seine Fremdwörter zu verzichten und eine Sprache zu sprechen, die auch von gewöhnlichen Sterblichen hätte verstanden werden können. Mit der Folge, dass er als Pfarrer scheiterte. Er nahm darauf eine Stelle als Professor an, wo er im Klassenzimmer einen guten Teil der Unterrichtszeit dazu verwendete, «die blöden Pfarrer auf der Kanzel» zu kritisieren.
Wer Erfolg haben will, muss in geistiger und kultureller Hinsicht Konzessionen machen. Denken wir beispielsweise an den jungen Mann, der sich durch nichts davon abhalten liess, mit verwaschenen, ausgebeulten Jeans, einem alten Hemd und langen, ungekämmten Haaren zur Arbeit zu erscheinen. Da er an seinem Arbeitsplatz mit Menschen verschiedener Schichten verkehren musste, wies man ihn an, «sich entweder anständig zu kleiden oder die Firma zu verlassen». Er verliess die Firma, obschon diese ihm neue Kleider auf ihre Rechnung angeboten hatte. Er war sich zu gut, andere Kleider anzuziehen. In Tat und Wahrheit war er einfach zu borniert.
Schliesslich gibt es diejenigen, die den Misserfolg wählen, weil sie sich schlicht und einfach «verkauft» haben: Sie haben ihre herrlichen Träume preisgegeben. Sie haben bestimmt auch schon Menschen sagen hören: «Es muss doch irgendeinen leichteren Weg geben, sich im Leben durchzuschlagen.»
In der Bibel steht die Geschichte eines Hirten, der zum Hüten seiner Schafe einen Mann anstellte. Doch dieser war seiner Aufgabe nicht gewachsen. Er wollte sein Leben nicht riskieren, um ein Schaf zu retten. «Sollen es doch die Wölfe fressen», sagte er sich. Warum? Die Schafe gehörten nicht dem Mann. Er war nur für den

Hirten eingesprungen. Dieser war der eigentliche Besitzer der Herde, und er hätte für die Tiere, die sein eigen waren, das Leben eingesetzt.

Wir alle kennen Menschen, die den Misserfolg wählen, weil sie dem Leben gegenüber diese negative Einstellung haben. Sie übernachten in einem Motel und tragen zum Zimmer überhaupt keine Sorge – schliesslich ist es ja nicht ihr Besitz. Und dieselbe Einstellung haben sie ihren von Gott gegebenen Träumen gegenüber. Und nicht anders gehen sie mit den sich ihnen bietenden Chancen und Möglichkeiten um. Sie haben ihre grossen Werte verschachert. Sie sind nicht bereit, ein Opfer zu bringen, um bis nach oben auf den Gipfel zu gelangen. So einfach ist das. Sie wählen den Misserfolg.

Mir wurde die Ehre zuteil, an den Promotions-Feierlichkeiten der Pepperdine University in Malibu, Kalifornien, teilzunehmen. Es waren über hundert Studenten, denen an jenem Abend der B.A.-Grad verliehen wurde. Die meisten waren amerikanische Schwarze. Das Durchschnittsalter dieser Absolventen war gegen vierzig. Es war ein herrliches Erlebnis, zu sehen, wie diese Absolventen nach vorne gingen, um vom Rektor der Universität das Abschlusszeugnis in Empfang zu nehmen.

Unter den Absolventen war auch eine 67jährige Frau; sie war Mutter von zehn Kindern und Grossmutter von 27 Enkelkindern. Als diese entschlossene Frau auf die Bühne stieg, um ihr Diplom in Empfang zu nehmen, sprangen ein älterer Mann und mehrere Kinder von ihren Sitzen auf, brachen in Applaus aus und riefen: «Du hast es geschafft, Mama! Du hast es geschafft, Grossmama!» Als ich die 67jährige frischdiplomierte Grossmutter nachher traf, umarmte sie mich und sagte mir: «Ohne meinen Glauben und ohne Ihr positives Denken hätte ich es nicht geschafft.» Sie war unsäglich stolz auf sich, und der Stolz ihrer Familie war nicht geringer. Dies war ein Gipfelerlebnis, denn es brachte ihr grössere Selbstachtung.

Welch wunderbarer Beweis dafür, wie Gott einen Menschen belohnt, der beschliesst, künftig keine Misserfolge mehr zu haben, sondern zur Ehre Gottes erfolgreich zu sein! Das nennen wir Selbstachtung! Gott will, dass wir Erfolg haben!

Waren Sie einst auf dem Weg zum Erfolg und beschlossen dann, die Flinte ins Korn zu werfen? Dann halten Sie ein, geben Sie nicht auf, beschliessen Sie, auf Erfolgskurs zu gehen!

Sind Sie auf einer falschen Spur? So kehren Sie auf die richtige zurück. Schlagen Sie den von Gott geschaffenen Weg ein. Er wird Ihnen einen grösseren Traum geben! Er wird Ihnen ein neues Ziel setzen! Er wird Ihnen etwas geben, auf das Sie hinarbeiten können! Natürlich ist ein Risiko dabei. Auf dem Schild wird ein Preis stehen. Ohne Risiko und ohne Preis hat die Sache aber keinen Wert. Brechen Sie also auf! Wählen Sie den Erfolg!

Kapitel 11

Machen Sie Ihre Schwächen zu Ihren Stärken

In jedem Problem liegt eine Chance. Aus unsern grössten Schwierigkeiten können wir Kapital schlagen, wenn wir sehen, welche Möglichkeiten das positive Denken bietet. Menschen, die positiv denken, sehen in jedem Problem eine Chance, eine erfolgversprechende Aufgabe. Sobald sie ein Problem als eine solche Aufgabe sehen, erfüllt sie diese Aufgabe mit Begeisterung, und Begeisterung bringt Erfolg! Alles ist nur eine Sache der Einstellung, allem, was uns widerfährt, positiv zu begegnen. Jede Schwäche kann zu einer Stärke werden, wenn wir positiv denken. Es ist so unwahrscheinlich einfach!

Ohne Probleme gibt es keine erfolgversprechenden Aufgaben, ohne Krise keine Bekehrung, ohne Tod keine Wiederauferstehung. Aus diesem Grunde sind positiv denkende Menschen auch keine Hurra-Philosophen, sondern haben das universelle Prinzip eines dynamischen Lebens begriffen.

In den Psalmen findet sich ein wunderschönes Beispiel dafür, wie Schwächen zu Stärken werden können:

> Wohl dem, der seine Stärke findet in Dir,
> wenn er wallfahrten will!
> Wenn sie durch das Jammertal ziehen,
> macht der Herr es zum Quellort,
> ja, mit Segen bedeckt es der Frühregen.
> Sie wandern mit wachsender Kraft,
> bis sie Gott schauen auf Zion.
>
> (Psalm 84, 6–8)

Eines Tages – ich wohnte damals in einem Haus in einem Vorort von Chicago – erhielt ich einen Telefonanruf: Mein Freund Asa Skinner war während der Arbeit in Ohnmacht gefallen, und Kollegen hatten ihn ins Spital gefahren. Die Untersuchungen ergaben eine klare Diagnose: Blutgerinnsel im Gehirn. Die Operation verlief erfolgreich, doch die Ärzte eröffneten Asa, dass er für den Rest seines Lebens an den Rollstuhl gefesselt sein werde. Mit seinen 66 Jahren würde er nicht mehr arbeiten können. Zunächst war er völlig niedergeschlagen. Er trug sich mit Selbstmordgedanken. Doch bald schon stärkte sich sein Glaube. Er wollte sich durch negative Gedanken nicht unterkriegen lassen. Er begann, positiv zu denken.

Nie werde ich den Tag vergessen, als ich bei ihm vorbeiging. Er war mittlerweile wieder zu Hause, und ich dachte, er sei im Hause drinnen. Ich läutete an der Türe. Nina, seine Frau, öffnete. «Ist Asa hier?» fragte ich sie. «Er ist hinten im Garten, gehen Sie ruhig zu ihm», antwortete sie. Ich öffnete das Gartentor und ging unangekündigt hinein. Bewegungslos war er vornübergebeugt im Rollstuhl. Von der Seite her ging ich ruhig auf ihn zu. Ich traute meinen Augen nicht: Durch einen Feldstecher blickte Asa auf den Boden. Auf dem Tablett seines Rollstuhls hatte er einen Schreibblock voll von Notizen. «Grüss dich, Asa», sagte ich. «Psst!» flüsterte er und fügte hinzu: «Stör sie bitte nicht.» Überrascht bückte ich mich und berührte die Grashalme, die er betrachtete. Unten am Boden waren Hunderte von kleinen roten Ameisen. Asa liess den Feldstecher sinken und blickte auf. «Robert», rief er, «heute sind sie tatsächlich vorwärtsgekommen!» Und er begann mir von all den Lebewesen in seinem Garten zu erzählen. Da gab es eine Spinne, die ihr Netz wob, Ameisen, die Nahrung sammelten, und Vögel, die ihre Jungen fütterten. Seine eng begrenzte Welt strotzte vor Leben, Aufregung und Abenteuer.

«Robert», sagte er begeistert, «ich sehe Liebe und Frieden, Leben und Tod und Auferstehung! Neue Blumen kämpfen, damit sie wachsen und blühen können! Ich glaube nicht, dass ich je in meinem Leben aufgeregter war als hier, wo ich diese Welt betrachten und entdecken kann.» Seine Schwäche wurde zu einer Stärke. Den Rest werden Sie erraten: Asa wurde gesund, ging zur Arbeit zurück und arbeitete sich bis zum Verwaltungsratspräsidenten seiner Gesellschaft hoch. Auch Ihr Tal des Jammers und der Enttäuschungen kann zu einem neuen Lebensquell werden. Ihre Schwächen können zu Ihren Stärken werden.

Schwierigkeiten lassen uns nie dort zurück, wo sie uns erfasst haben. Sie verwandeln uns vielmehr in einen besseren oder in einen verbitterten Menschen. Es liegt an uns, zu entscheiden, was unsere Schwierigkeiten aus uns machen sollen. Unsere Schwäche kann zu unserer Stärke werden.

Ein mürrischer alter Mann lebte mit der ganzen Welt in Unfrieden. Eines Tages erlitt er einen Schlaganfall, der ihn lähmte. Als ihn Jahre später ein alter Freund besuchte, schien er ein völlig anderer Mensch zu sein. Aus dem mürrischen Menschen war ein heiterer Mensch geworden. Seine Unzufriedenheit hatte sich in Freundlichkeit und Liebenswürdigkeit verwandelt. Seine Augen, einst hart wie Stahl, hatten einen sanften, freundlichen Ausdruck. Sein altes, faltiges Gesicht war nicht mehr gespannt und verkniffen, sondern ruhig und heiter. Als er den Wandel, den dieser alte Mann durchgemacht hatte, sah, bemerkte sein Freund: «Krankheit und Schwierigkeiten können einen Menschen verändern, nicht wahr?» Der alte Mann schaute ihn an und erwiderte sanft und ruhig: «Ja, Krankheit kann einen verändern, und ich habe beschlossen, dass diese Veränderung eine gute Veränderung sein soll!»

Da gab es auch jene Dame, die mich anrief und mich sehen wollte. Bis vor einem Jahr hatte sie nicht an Gott geglaubt. Sie rief mich deshalb an, weil sie unheilbar an Krebs erkrankt war und mich sehen wollte. Sie lebte in einer kleinen Wohnung nur wenige Meilen von meinem Büro entfernt. Sie war wohl kaum mehr als 40 Kilo schwer und bestand nur noch aus Haut und Knochen. Ich setzte mich neben ihr Bett zu ihr und blickte in ihre Augen. Wie schön sie waren! Sie strahlten! Sie hatten zudem einen derart jugendlichen Ausdruck!

«Vielen Dank, dass Sie gekommen sind, Dr. Schuller», sagte sie, «Sie haben Glauben in mein Leben gebracht. Jetzt habe ich keine Angst mehr. Ich weiss, wohin ich gehe. Ihr positives Denken hat meine Einstellung zu meiner Krankheit verändert. Während langer Zeit war ich verbittert und mit der ganzen Welt unzufrieden. Ich gab mich dem Selbstmitleid hin und trug all jene negativen Gedanken mit mir herum, bis ich mich Gott zuwandte. Von diesem Augenblick an überlegte ich mir, welche neuen Möglichkeiten sich mir bieten würden. Was konnte ich in meinem Zustand für andere Menschen tun? Und ich beschloss zu versuchen, allen Menschen, die zu mir kamen, zu helfen. Und jetzt sage ich, bevor mich jeweils jemand besucht, ein kleines Gebet:

Lieber Gott,
hilf mir, etwas für sie zu tun.
Hilf mir, sie aufzuheitern!

Und wissen Sie, was seither geschehen ist? Es waren die schönsten Wochen meines Lebens. Wenn die Menschen zu mir kommen, lasse ich sie an der Liebe Gottes teilhaben, und sie gehen jeweils mit der Gewissheit von mir weg, dass sich Gott tatsächlich um sie kümmert. Ist das nicht wunderwoll?»

Gott lässt uns nichts geschehen, das nicht voller Chancen ist. Durch den Glauben werden Schwächen zu Stärken.

Kapitel 12

Quellen auf den Bergen

Lassen Sie mich dieses Kapitel mit drei sehr wichtigen Fragen und Antworten beginnen.

1. Was ist Misserfolg? Er lässt sich nicht in Franken oder Gegenständen messen. Misserfolg haben heisst einen Punkt erreichen, wo man sich plötzlich bewusst wird, dass man zu nichts gut ist. Mangel an Selbstachtung ist die letzte Stufe des Misserfolgs.

2. Weshalb fehlt es den meisten Menschen an Selbstachtung? Weil es ihnen nicht gelingt, Berge zu erklimmen. Sie gehen Herausforderungen aus dem Weg, Herausforderungen nämlich, die ihnen Gipfelerlebnisse verschaffen würden, die ihnen wiederum beweisen würden, dass sie sich aufraffen und kämpfen können, und die es ihnen ermöglichen würden, das Leben mutig und positiv anzugehen.

3. Warum gehen Menschen den Bergen aus dem Wege? Warum suchen sie keine Gipfelerlebnisse? Weil sie es leicht haben wollen. Sie wollen auf Nummer Sicher gehen. Die Menschen wollen Chancen ohne Hindernisse haben. Sie wollen unten im Tal ein Gipfelerlebnis haben. Aber ohne das eine können sie das andere nicht haben. Sie können kein Gipfelerlebnis haben, wenn sie nicht bereit sind, auf einen Berg zu steigen.

Auf den Bergen gibt es Quellen, die wir nun einmal im Tal unten nicht finden. Es gibt Quellen sprudelnder Selbstachtung auf den Bergspitzen oben, die uns herausfordern und von uns das Letzte abverlangen. Es gibt keinen Weg, auf dem man kampflos zu

Selbstachtung gelangt. Ohne Fleiss gibt es keinen Preis. Ohne Hindernisse keine Gelegenheit und Chancen.
Wenn wir ein Gipfelerlebnis haben wollen, müssen wir nach Bergen Ausschau halten. Bergen gegenüber müssen wir eine positive Haltung einnehmen. Probleme, Schwierigkeiten und Schmerzen, sie alle sind Berge. Negativ denkende Menschen sehen Berge als etwas Ödes, Unfruchtbares und Energieverschleissendes an. Der positiv denkende Mensch dagegen sieht sie als Hügel mit verborgenen Quellen, welche die erquickenden Brunnen glücklichen Lebens speisen. Menschen mit gesunder Selbstachtung haben es sich in ihrem Leben zur Aufgabe gemacht, nach Bergen Ausschau zu halten und sich auf sie zu freuen.
Auf den Bergen gibt es Quellen, die uns Lebenskraft und Selbstachtung geben.
Probleme sind wie Motoren: sie geben Kraft ab. Der Motor im Wagen entwickelt Kraft, die – je nach Fahrer – negativ oder positiv ist. Wenn der Wagen von einem negativen Menschen gefahren wird, kann ein Unfall dem Fahrer das Leben kosten. Derselbe Motor kann aber Kraft entwickeln, dank der ein Arzt zu einem Kranken fahren und diesem das Leben retten kann.
Probleme entwickeln Kraft. Negative Kraft heisst Sorge, Beklemmung, Angst, Eifersucht und Selbstmitleid – sie alle zermürben. Der Motor dreht sich, bis wir erschöpft sind. Wenn wir dagegen eine positive geistige Einstellung entwickeln, gibt dasselbe Problem genau gleich viel Kraft ab; diese wird aber nicht für Sorge, Angst und Furcht verwandt, sondern führt zu Hoffnung, Mut und Begeisterung. Noch ehe wir uns dessen bewusst sind, ist das Problem zu einem Gipfel geworden. Auf diese Weise entwickeln Probleme Kraft.
Ein Berg ist ein Erleben potentieller Kraft. Ein Berg ist Motivation. Gebt mir Berge, denn auf den Bergen gibt es Quellen!
Lassen Sie mich nun einige der Kräfte beschreiben, die diese Quellen bewirken.

1. Brennende Kraft

Zunächst bewirken Berge einmal das, was ich «brennende Kraft» nenne. Ich unterhielt mich einst mit einem sehr wohlhabenden Bekannten. Ich fragte ihn, wie er zu solchem Reichtum gekommen sei.

«Ich bin in einer solchen Armut geboren, dass ich den brennenden Wunsch hatte, reich zu sein», antwortete er. «Ich verabscheute die Armut! Der brennende Wunsch hat mich nie verlassen», fuhr er fort. «Deshalb bin ich heute ein reicher Mann!» Das Problem der Armut wurde zum Berg, dessen Quelle zum Reichtum führte. «Unterwegs fand ich Gott», fügte mein Bekannter hinzu, «und Gott hat meinen brennenden Wunsch nach Reichtum nicht unterdrückt. Er nährte meinen Wunsch, immer noch reicher zu werden, weil er mir sagte, was ich für ihn Gutes werde tun können, wenn ich zu meinen Millionen komme.» – «Welche Gefühle entstehen in einem, wenn man dermassen reich ist?» fragte ich ihn. «Ich fühle mich voller Kraft», antwortete er, «ich habe die Kraft, Menschen wie Ihnen zu helfen!»

In seiner Kindheit stand mein Bekannter vor dem Fusse eines Berges, der Armut hiess. Aber gerade wegen dieses Berges hatte sich seine Haltung verändert. Sie wurde positiv. Er hatte einen brennenden Wunsch. Der Rektor der Yale University gab einmal dem Rektor einer anderen Universität den Rat, mit den A- und B-Studenten stets nett zu sein, denn «eines Tages kommen sie als Professoren an die Universität zurück und werden die C- und D-Studenten mit grosser Herzlichkeit behandeln, weil diese eines Tages zurückkommen und es mit einer Schenkung von zwei Millionen Dollar ermöglichen werden, das Forschungsgebäude zu bauen». Dies ist wirklich wahr! Die Durchschnittsstudenten wollen der Welt beweisen, dass sie so tüchtig wie alle anderen sind, auch wenn sie nicht mit A und B, d.h. ohne Auszeichnung, abgeschlossen haben. Probleme entwickeln brennende Kraft.

2. Aufwühlende Kraft

Die zweite Kraft nenne ich die aufwühlende Kraft. Als ich in Florida war, traf ich Menschen, die sich dort ein Haus bauten. «Weshalb sind Sie umgezogen?» fragte ich sie. «Im Norden oben hatten wir einen harten Winter», antwortete die Frau, «während Jahren habe ich auf meinen Mann eingeredet, nach Florida zu ziehen, aber er war bis heute nicht von der Stelle zu bringen.»
Probleme entwickeln eine grosse aufwühlende Kraft, welche die Wurzeln lockert und uns aufrüttelt, bis wir schliesslich vom Fleck kommen müssen. Die meisten Menschen bleiben kleben, bis sie von einem grossen Problem getrieben werden. Das ist die aufwühlende Kraft!

3. Verändernde Kraft

Die Quellen auf den Bergen entwickeln brennende Kraft, aufwühlende Kraft und dann verändernde Kraft! Ich erinnere mich an einen Vorfall in einer kleinen Stadt in Alabama, der dazu führte, dass man dem Kornwurm ein Denkmal errichtete. Die Ideen, welche einige Leute hatten, und die Art und Weise, wie sie sie verwirklichten, muten völlig unglaublich an.
Das Städtchen Enterprise in Alabama war ganz von der Baumwollindustrie abhängig. Eines Tages ereignete sich eine Katastrophe, weil der Kornwurm die Ernte der ganzen Stadt zunichte machte. Die aufwühlende Kraft bewirkte nun verändernde Kraft. Sie zwang die Bewohner, nach anderen Erwerbsmöglichkeiten Ausschau zu halten. Sie zwang sie, schöpferisch zu sein und neue Möglichkeiten zu erkennen. Sie diversifizierten ihre Industrie und hatten dabei so grossen Erfolg, dass der Name «Enterprise» (Unternehmungsgeist) auf die Stadt erst recht zutraf. Da sie nun verschiedene Industrien hatten, fügten ihnen Missernten keinen Schaden mehr zu. Die Gemeinschaft ist gediehen! Jedermann wurde sich bewusst, dass der beste Freund, den er hatte, der Korn-

wurm war. Deshalb errichteten sie zu Ehren dieses Schädlings ein Denkmal. Herrlich! Das ist die verändernde Kraft!

4. Lehrende Kraft

Die vierte Kraft, die ein Problem freimacht, ist diejenige, die ich lehrende Kraft nenne. Menschen lernen aus ihren Fehlern. Sie lernen aus Problemen. Sie lernen aus Konflikten.
Ein Problem kann eine Gelegenheit sein, ein neues Geschäft aufzubauen. Auf der Welt gibt es kein einziges Geschäft, das bestehen könnte, wenn es keine Probleme gäbe. Die Unternehmen sollten den Problemen dankbar sein, weil diese sie zu den Ursachen der Probleme führen.
Als ich zu einer Gruppe von Kaderkräften in einem Bundesstaat im Osten der Vereinigten Staaten sprach, sagte ich: «Wenn Sie ein Problem haben, so machen Sie in einem der folgenden Bereiche einen Fehler: Produktion, Marketing, Vertrieb oder Management. Ihre Abteilung, die sich mit Kundenreklamationen befasst, sollte zu Ihrer Qualitätskontroll-Abteilung werden.» Mit dieser positiven Einstellung den Problemen gegenüber werden Probleme zu Quellen auf den Bergen.
Lehrer wären arbeitslos, wenn wir alle wissend und restlos ausgebildet zur Welt kämen. Ärzte wären arbeitslos, wenn wir nie krank wären. Der Klerus wäre arbeitslos, wenn jeder Mensch positiv denken würde. Und die Polizei wäre arbeitslos, wenn keiner das Gesetz überträte. Negativ denkende Menschen lernen aus Problemen nichts, weil sie vor ihnen davonrennen. Wenn wir Problemen gegenüber eine positive Haltung einnehmen, können wir sie auch lösen. Positiv denkende Menschen warten auf Probleme. Sie sehen darin Möglichkeiten und Chancen, und nicht Hindernisse.
Sie sind wie jene Ameise, die sich mit einer schweren Last abmühte. Dieses winzige Lebewesen versuchte einen grossen Strohhalm fortzutragen. Sie zog ihre Last mühselig mit sich und

geriet dabei in einen Riss im Gehsteig. Nach mehreren fruchtlosen Versuchen, über den Riss hinwegzukommen, wendete sie den Strohhalm so lange, bis er genau über den Riss zu liegen kam. Und dann marschierte sie über ihre behelfsmässige Brücke auf die andere Seite.
Sie hatte ihre Last zu einer Brücke gemacht!

5. Verdienende Kraft

Für den positiv denkenden Menschen entwickeln Berge brennende Kraft, aufwühlende Kraft, verändernde Kraft, lehrende Kraft und verdienende Kraft.
Nicht umsonst haben positiv denkende Menschen im Leben Erfolg. Sie wissen, dass Not erfinderisch macht. Für sie ist jedes Problem eine Chance.
Jede Last kann zu einer Brücke werden. Kein Mensch kann wachsen, ohne zu kämpfen. Ohne Fleiss kein Preis. Ohne Kreuz keine Krone. So einfach ist das.
Warum haben Menschen keinen Erfolg? Weil sie um die Berge einen Bogen machen. Sie wollen keine Probleme haben. Sie gehen den Weg des geringsten Widerstandes.
Vielleicht kennen Sie die Geschichte von Sadhu Sundar Singh, jenem bekannten Proselyten, der in Indien Missionar wurde. In seinen Schriften erzählt er, weshalb es besser ist, Christ zu werden als Hindu oder Buddhist: Das Christentum lehrt uns, in die Welt hinauszugehen, um den Verlorenen zu helfen. Er glaubte daran, dass man Menschen suchen müsse, die Probleme haben; diese Menschen konnte er lieben, konnte ihnen helfen und sie retten. Viele Hindus leben in Klöstern, wohin sie sich von der Welt zurückziehen. Sie vertiefen sich in Meditation, statt von Tag zu Tag mit Menschen Kontakt zu haben.
Eines Tages stiegen Sadhu Sundar Singh und ein buddhistischer Mönch einen steilen Berg hinauf zu einem Kloster. Sie gerieten in einen Schneesturm, der so heftig war, dass sie um ihr Leben ban-

gen mussten; eisige Winde bliesen durch ihre dünnen Kleider. «Wir müssen uns beeilen, es wird schon dunkel», sagte der Mönch. «Das Wetter ist schlecht, und wenn es noch schlechter wird, erfrieren wir demnächst.»
So gingen sie denn, so schnell sie konnten, durch den tobenden Sturm. Plötzlich hörten sie, wie jemand um Hilfe schrie. Etwa zwanzig Fuss vor ihnen sahen sie undeutlich etwas im Schnee liegen. «Wir müssen helfen», rief Sadhu. «Wir können nicht helfen», sagte der Mönch, «das Schicksal will, dass er sterben muss. Es bleibt uns keine Zeit, oder wir gehen zugrunde!» Mit diesen Worten ging der Mönch weiter, während sein Kollege, der sich zum Christentum bekehrt hatte, darauf bestand, seinem notleidenden Bruder zu helfen.
Falls er sterben müsste, würde er sterben, indem er jemandem half. Das, was am Boden lag, war ein Mann, der ein Bein gebrochen hatte. Sadhu nahm seine Kutte, schlang sie um den am Boden liegenden Mann und zog ihn mit sich, so wie Hunde einen Schlitten ziehen. Der Gang war mühselig und qualvoll; doch Sadhu kämpfte sich unnachgiebig den Berg hinauf, kämpfte verzweifelt um sein Leben. Mit einem Male sah er die blinkenden Lichter des Klosters. Nun wusste er, dass er es schaffen würde. Plötzlich strauchelte er und fiel über etwas, das von Schnee bedeckt vor ihm lag. Er wischte den Schnee weg und erkannte den Mönch, der erfroren war. Sadhus Leben war gerettet worden, weil er einem Menschen, der in Not war, geholfen hatte. Es war für ihn eine Last, in der er aber eine Gelegenheit erblickte, seine Nächstenliebe zu beweisen. Da er sich selbst aufgab, überlebte er.
Jahre später fragte man ihn, welches die schwerste Aufgabe im Leben sei. Ohne zu zögern, antwortete er: «Die schwerste Aufgabe im Leben ist es, keine Last zu tragen.»
Lasten werden zu Brücken.
Wenn Gott Ihnen einen Berg gibt, so ist dies etwas vom Grössten, das er Ihnen geben kann! Denn auf jedem Berg gibt es eine wunderbare Quelle!

Gott verschafft Ihnen genügend Herausforderungen und Berge, so dass Sie auch im hohen Alter von 85 Jahren immer noch Gipfel zum Erklimmen haben werden. Es wird Ihnen nie an Gelegenheiten mangeln, Berge zu bezwingen und dadurch Ihre Selbstachtung zu fördern.

Kapitel 13

Sich auf dem Gipfel einnisten

Wenn Sie dann oben auf dem Gipfel eines erfolgreichen Erlebnisses im strahlenden Sonnenlicht stehen, so geniessen Sie diesen Augenblick! Freuen Sie sich von ganzem Herzen über den Erfolg. Hier oben auf der Bergspitze wächst in Ihnen die Überzeugung, dass Sie alles vermögen, was immer es sei. Sie werden noch kühnere Träume haben. Glauben Sie an diese neuen Träume und Aussichten!

Bewusst oder unbewusst haben sich erfolgreiche Menschen dem Von-Gipfel-zu-Gipfel-Prinzip des glücklichen Lebens verschrieben. Ein Gipfelerlebnis bestätigt sie in der Gewissheit, dass sie mehr sind, als sie je zuvor dachten. Jetzt glauben sie, dass sie mehr vermögen, als sie sich je vorgestellt haben!

Woran liegt es, dass bestimmte Menschen überzeugt sind, ein Erfolg führe zu einem nächsten, noch grösseren Erfolg, während andere Misserfolgserlebnisse haben, die schlechtere Leistungen und weitere Niederlagen bewirken, bis sie schliesslich in einem Ghetto der persönlichen Misserfolge und Rückschläge gefangen sind? Was macht diesen Unterschied aus? Im Gegensatz zu den Versagern haben die erfolgreichen Menschen gelernt, dem Von-Gipfel-zu-Gipfel-Prinzip nachzuleben!

Menschen, die zu Misserfolgen neigen, haben die Tendenz, Entscheidungen unten im Tale des Lebens zu treffen, wogegen die ständig erfolgreichen Menschen sich angewöhnt haben, Entscheidungen auf dem Berggipfel zu treffen. Lernen Sie ihr Geheimnis: Sich auf dem Gipfel einnisten! Entwickeln Sie Ihre Pläne in Zeiten der Stärke! Treffen Sie die gewichtigen Entscheide in Ihren gesunden Zeiten und nicht in Zeiten der Krankheit. Machen Sie es nicht wie die be- und gefangenen Menschen, die ihre wichtigsten Beschlüsse in Zeiten der Niederlage fassen. Solche Menschen nisten sich nicht auf dem Gipfel ein – sie nisten sich im Morast der

Verzweiflung ein. Ihr Ausgangspunkt ist nicht die Stärke, sondern die Schwäche, und das ist auch der Grund, weshalb bei diesen Menschen ein Misserfolg den anderen ablöst.

Ich werde nie das Gespräch vergessen, das ich vor mehreren Jahren mit einem niedergeschlagenen, verzweifelten Mann führte, der bei mir Rat suchte. Seine Frau hatte ihn dazumal verlassen, und er war vollkommen aufgelöst. Er war unten in der Talsohle und nicht auf einem Gipfel. «Ich kann Ihnen sagen, was ich jetzt mache, Dr. Schuller, ich habe es mir überlegt», bemerkte er bitter. «Was wollen Sie tun?» fragte ich ihn, worauf er mir seine Absichten aufzählte: «Erstens verkaufe ich mein Geschäft. Zweitens ziehe ich von Kalifornien weg. Drittens werde ich keiner Frau mehr trauen. Und viertens werde ich niemandem je wieder etwas versprechen.»

«Sie wollen Ihr Geschäft verkaufen?» sagte ich verwundert. «Was wollen Sie denn nachher tun?» – «Das weiss ich nicht», erwiderte er, «das wird sich dann schon geben. Es hängt davon ab, wohin ich gehe.» – «Und Sie wollen des weitern von Kalifornien weg», sagte ich. «Wohin wollen Sie denn gehen?» – «Ich weiss es nicht», war die Antwort, «aber ich zieh' von hier weg. Wenn ich dann den geeigneten Ort gefunden habe, werde ich entscheiden, was ich mache.» – «Und Sie wollen keinem jemals wieder etwas versprechen und keiner Frau mehr vertrauen? Das heisst ja nichts anderes, als dass Sie keine Bindung und keine Verpflichtung mehr eingehen. Wollen Sie das damit sagen?» fragte ich ihn. «Sie werden schon sehen!» bekräftigte er stur.

Ich sagte zu ihm: «Sie machen einen grossen Fehler.» Verdutzt blickte er mich an: «Welchen denn?» – «Immer dann, wenn Sie an einem Tiefpunkt angelangt sind, treffen Sie unwiderrufliche negative Entscheidungen, statt dann zu entscheiden, wenn es Ihnen gut geht. Ich weiss, Sie sind zurzeit nicht in der besten Verfassung und sind heute wahrscheinlich so erledigt wie noch nie zuvor. Aber etwas müssen Sie lernen: In düsteren Zeiten fasst man keine negativen Beschlüsse. Lassen Sie den Sturm vorbeiziehen! Vertrauen Sie Ihrer Urteilskraft nicht, wenn Sie ‹unten› sind. Warten

Sie, bis der Sturm vorbei ist, aber treffen Sie keine übereilten, unwiderruflichen und negativen Entscheidungen, solange Sie niedergeschlagen sind.» – «Was wollen Sie damit sagen», fragte er. «Das ist einfach», erklärte ich ihm, «wie Sie mir sagten, läuft Ihr Geschäft gut. Nehmen wir einmal an, dass sich in zwei Jahren die Dinge in einem anderen Licht zeigen und Sie das Geschäft wieder haben möchten. Glauben Sie, Sie könnten es dann einfach wieder übernehmen?» – «Wohl kaum», meinte er. «Nehmen wir weiter an, dass Sie in ein oder zwei Jahren ein hübsches Mädchen treffen und dass Sie beide sich lieben und einander vertrauen möchten. Wenn Sie nun heute beschliessen, keinem Menschen mehr die Gelegenheit zu geben, zu lieben und von Ihnen geliebt zu werden, so bringen Sie sich doch um ein grosses Glück.» Eine der grössten Torheiten im Leben besteht darin, in Zeiten der Verzweiflung für die Zukunft Pläne zu machen. Das heisst nichts anderes als sich unten im Tal einzunisten – statt oben auf dem Berg. Das heisst nichts anderes als in Augenblicken, wo man Misserfolge und Rückschläge erleidet, Ideen auszubrüten.

Menschen, die zu Misserfolgen neigen, sind in einem gefühlsmässig öden Ghetto gefangen, wo es nur Enttäuschung, Misserfolg und Armut gibt. Sie entscheiden aus Schwäche heraus, statt aus Kraft und Stärke. Nisten Sie sich nicht unten im Tal ein, sondern oben auf dem Berg!

Was soll man tun, wenn man im Sumpf steckt oder im Tal oder tief unten in der Schlucht? Abwarten, hoffen und inbrünstig beten! Daran glauben, dass man aus der Talsohle herauskommt! Erst wenn wir stark sind und Gutes beabsichtigen, ist es Zeit zu handeln! Wenn Sie in der dunklen Schlucht unten stecken, dann glauben Sie den Schatten nicht, sonst verirren Sie sich wie ein Kind in der Finsternis.

Wenn Sie zurzeit unten im Tal sind, so treffen Sie keine negativen Entscheidungen. Sobald Sie aber ein Gipfelerlebnis vor sich haben, müssen Sie aufbrechen, Grosses ins Auge fassen, den Erfolg anstreben. Denn Erfolg ist das uneigennützigste Ziel, das Sie haben können.

Achten Sie darauf, dass Sie genügend Wasser bei sich haben, wenn Sie durch die Wüste gehen.
Achten Sie darauf, dass Sie genügend Benzin im Wagen haben, wenn Sie in die Berge fahren.
Achten Sie darauf, dass Sie beim Tauchen genügend Sauerstoff mitführen.
Und achten Sie darauf, dass Sie immer genügend Träume haben, wenn Sie ein bedeutsames Leben leben wollen.
Wie nistet man sich auf dem Gipfel ein?
Was müssen wir oben auf dem Berggipfel machen?
Dreierlei:

1. Aufpassen!

Wenn Sie oben auf dem Gipfel sind, gilt es zunächst einmal aufzupassen; denn Sie sind von Gefahren umgeben. Es gibt Winde, die nur oben über die Berggipfel hinwegfegen. Lockeres Gestein und Felsbrocken können Sie zu Fall bringen, so dass Sie den Berg hinunterstürzen.
Einer der grossen Kämpfe im Leben besteht darin, mit dem Erfolg leben zu lernen.
Es ist nicht einfach, mit Anerkennung und Applaus richtig umzugehen, und der Augenblick des Erfolgs kann rasch einmal zum Anfang vom Ende werden. Wie schnell verliert man seine Bescheidenheit, seinen Elan, sein Mitgefühl, seine Menschlichkeit oder seinen Teamgeist, wenn man den Gipfel erreicht hat! Erfolg kann den Menschen verderben!
Es gibt noch weitere, einmalige Gefahren auf dem Gipfel. Wer auf dem Gipfel ist, wird bekannt. Erfolgreiche Menschen werden unweigerlich in die Rolle von Führerpersönlichkeiten gedrängt. Diejenigen, die es immer noch nicht geschafft haben, erwarten von Ihnen, dass Sie sie zum Gipfel hinaufführen. Das ist der Preis, den der Erfolg kostet! Sie können aber den Neidern in Ihrer Fami-

lie und Ihrem Bekanntenkreis zum Opfer fallen. Oder dann sind die Kritiker zum Sprung bereit. Der Erfolg kann Sie auch dazu zwingen, Partei zu ergreifen, während Sie vorher anonym, ohne irgendwelche Verpflichtungen in der sicheren Masse verweilen konnten.

Aber auch wenn der Gipfel ein Moment der Gefahr ist, so ist er doch in viel grösserem Masse eine Chance, eine Gelegenheit. Wir haben die Chance, uns über die Sorgen und Zwänge zu erheben, die uns während des Aufstiegs bedrängten; es ist eine Gelegenheit, uns gefühlsmässig von den Anstrengungen des Kampfes zu befreien. Wir können nun den Erfolg in vollen Zügen geniessen und uns über das Erreichte freuen und darüber glücklich sein. Jetzt ist die Zeit gekommen, nachzudenken und grosse Entscheidungen zu treffen. Brüten Sie jetzt Ihre besten Ideen aus, und legen Sie Ihre kühnsten und gewagtesten Pläne fest – jetzt, wo Sie sich oben auf dem Gipfel einnisten!

2. Hinunterblicken!

Sobald Sie oben angekommen sind, müssen Sie sich vergewissern, ob Sie auf sicherem Boden stehen. Blicken Sie nach unten! Halten Sie nach den anderen Ausschau, die immer noch am Hinaufklettern sind und sich abmühen. In der göttlichen Vorsehung dürfen wir nicht aus egoistischen Motiven, sondern zu uneigennützigen Zwecken erfolgreich sein. Erst wenn wir uns für unseren Nachbarn einsetzen, verschafft uns unser Erfolg dauernde Selbstachtung.

Die Freude über den Erfolg besteht einzig darin, zu wissen, dass unsere Kraft und unsere Fähigkeit, anderen zu helfen, gewachsen sind. Wenn wir den Berg hinunterblicken, können wir vieles sehen und beispielsweise sagen: «Schaut, er dort nimmt den falschen Weg!» – «Und sie dort drüben hat die falsche Abzweigung genommen! Sie geht auf einen Abgrund zu!» – «Diese dort gehen zu langsam: sie werden in einen Sturm geraten, noch bevor sie das Haupt-

lager erreichen. Sie müssen schneller vorwärtsgehen!» – «Und jene gehen zu schnell. Auf dem Pfad vor ihnen lösen sich Felsbrocken. Sie müssen vorsichtig langsam weitergehen.»
Sie haben den Weg zurückgelegt, Sie sind hinaufgeklettert, Sie haben Ihre Fehler gemacht, sind Ihre Risiken eingegangen, sind beinahe gescheitert. Dadurch können Sie jetzt denjenigen helfen, die sich immer noch abmühen, den Berg hinaufzukommen. Die Freude darüber, oben auf dem Berg zu sein, ist die Freude, hinunterzublicken, um den anderen zu helfen und sie in ihren Möglichkeiten zu fördern.
Ein weiterer Lohn für unsere Mühe, dank der wir so hoch oben sind, dass wir hinunterblicken können, besteht darin, dass wir über ein Blickfeld verfügen, dank dem wir Ausschau halten können!

3. Ausschau halten!

Wenn Sie sich auf dem Gipfel einnisten, werden Sie neue Träume träumen, sich neue Ziele setzen, neue Chancen erkennen. Der ureigenste, lebenswichtigste Grundsatz bei der Zielsetzung besteht darin, seine Ziele auf die menschlichen Probleme, die der Lösung bedürfen, auszurichten. Wenn Sie Ausschau halten und sich für Ihre Zukunft neue Ziele setzen, müssen Sie weiterhin nach unten blicken. Sie wählen sich Ihre künftig zu erklimmenden Gipfel aus, indem Sie nach Menschen suchen, die dringend Hilfe benötigen!
Guy Vander Jagt, Kongressabgeordneter aus Michigan, sagte einst: «Es ist furchtbar, wenn einem die Berge zum Klettern ausgehen!» Jenseits unserer Ziele keine Ziele mehr zu haben ist schlimmer, als seine Ziele nicht zu erreichen! Oder wie Viktor Frankl sagte: «Das ‹Ist› darf nie das ‹Soll› einholen.» Wir müssen Ausschau halten und weiter blicken! Wir müssen weiterhin das Von-Gipfel-zu-Gipfel-Prinzip verfolgen!
Vielleicht sind Sie versucht, sich zur Ruhe zu setzen, zu entspan-

nen und den Rest Ihres Lebens damit zu verbringen, sich Ihrer Erfolge und Leistungen zu erfreuen. Sie weisen vielleicht den Gedanken, weitere kühne, gefährliche Abenteuer auf sich zu nehmen, von sich. Doch Sie sollten sich auf dem Gipfel einnisten und nicht auf dem Gipfel einschlafen! Rasten ist rosten; wer rastet, wird dick, sagt sich: «Ich habe Erfolg», «Ich habe Glück», «Ich wurde befördert», «Ich habe die Prüfung bestanden» oder «Ich habe die Arbeit hingekriegt». Sich einnisten heisst neue Ideen ausdenken, um noch grössere Möglichkeiten zu haben, den Menschen zu helfen. Nur das fördert unsere Selbstachtung. Selbstachtung hält nicht länger als einen Tag vor. Sie wird bald einmal schal. Wir können nicht mit den Lorbeeren von gestern oder den Belohnungen von gestern leben. Ruhm ist eine vergängliche Angelegenheit. Das Glück verflüchtigt sich sehr schnell oder wird vom Treibsand der ungewissen und unsicheren finanziellen Entwicklungen zugeschüttet. Der einzig sichere Weg, um unsere berechtigten persönlichen Bedürfnisse zu befriedigen, ist der, als Bote des Guten tätig zu sein.
Und deshalb müssen wir Ausschau halten!
Der teuerste Preis des Erfolgs: als Steuermann wirken, als Bergführer tätig sein. Sie lernen jetzt, was es in Tat und Wahrheit heisst, auf dem Gipfel anzukommen! Glaubten Sie etwa, der Preis, den der Erfolg kostet, bestehe darin, die Seile für den Aufstieg zu kaufen und mit gewaltiger Anstrengung das Ziel zu erreichen? Nein, all das war bloss die Grundinvestition - der kleine Preis.
Der Preis und zugleich der Lohn des Erfolgs besteht darin, die Bedürfnisse der Gesellschaft als Steuermann und Führer zu befriedigen. Die anderen, die noch nicht oben angelangt sind, warten auf Ihre Hilfe. Der Mensch auf dem Gipfel wird zum Menschen am Steuer. Wenn Sie sich also wegen der Anstrengung, die das Gipfelstürmen erforderte, oder wegen des Verbrauchs an Kraft, Reserven und Mitteln Sorgen machen mussten, so gilt es jetzt, den Preis dafür zu zahlen, dass man Erfolg gehabt hat!
Ich sage es nochmals: Der Preis des Erfolgs ist die Tätigkeit als Steuermann und Bergführer. Sie müssen bereit sein, zu geben, zu

teilen, zu lehren, zu unterstützen, anderen zu helfen! Sie sind in einer Lage, dank der Sie weitere Möglichkeiten erkennen. Sie vermögen die ungelösten Probleme zu sehen. Das ist die Aufgabe des Führers. Er sieht vor sich sowohl die Möglichkeiten als auch die Probleme und ist dafür verantwortlich, dass sie den anderen, die weiter unten nachkommen, gezeigt bzw. dass sie gelöst werden. Sie sind der Mann an der Spitze. Sie sind der Pfadfinderführer. Für einen Führer ist es nie leicht oder einfach, diese Funktion auszuüben!

Was machen Sie oben auf dem Berggipfel? Was ist der Sinn eines Gipfelerlebnisses? Es ist die Absicht Gottes, Sie zu dem Führer zu machen, als den er Sie haben will. Sie stehen im Mittelpunkt der Einflüsse. Da gibt es Mitmenschen, deren Leben von Ihrem Einfluss, Ihrem Beispiel und Ihren Ideen abhängt. Erfolg ist uneigennützig. Misserfolg ist egoistisch. Sie müssen Erfolg haben, denn wenn Sie erfolglos sind, hat jemand darunter zu leiden.

Wenn Sie dem Von-Gipfel-zu-Gipfel-Prinzip nachleben, werden Sie nie Langeweile kennen. Sie werden Träume für die Zukunft haben. Ihre Vision, Ihr Gipfel wird Ihnen nicht nur Ihre eigene Selbstachtung Ihr ganzes Leben lang bewahren, sondern andere, die irgendwo hinter Ihnen sind, retten.

Was machen Sie oben auf dem Gipfel? Nun, nisten Sie sich auf dem Gipfel ein und fassen Sie den grössten Plan, den Sie je hatten!

Kapitel 14

Halten Sie auf dem Gipfel nicht ein

In der Schweiz gibt es einen Dorffriedhof, wo viele grosse Bergsteiger begraben sind. Auf den meisten Grabsteinen stehen die üblichen Inschriften, doch auf einem steht etwas Aussergewöhnliches. Vor vielen Jahren hatte einer dieser Bergsteiger sein Leben verloren. Vier Worte sind unter seinem Namen eingemeisselt: «Er starb beim Klettern!» Das gefällt mir! Das ist es, was Gott am Ende meines und Ihres Lebens als Schlussatz schreiben möchte! «Er starb nicht beim Üppig-Leben.» – «Er starb nicht beim Untätig-Sein.» – «Er starb nicht beim Zaudern.» – «Er starb nicht beim In-den-Tag-hinein-Leben.» – «Er starb beim Klettern!» Die Wahrheit ist die: Wäre er nicht beim Klettern gestorben, so wäre er in dem Augenblick tot gewesen, da er beschlossen hätte, das Klettern aufzugeben; denn man kann auf dem Gipfel nicht einhalten! Die grösste Versuchung, die unweigerlich an einen Gipfelstürmer herantritt, ist die Neigung – und im Grunde genommen ist es tatsächlich eine Versuchung –, nach dem Erfolg aufzugeben!

Als Moses über 400 000 Israeliten aus der Gefangenschaft in Ägypten führte, versprach Gott, dass ein besonderes Heimatland auf sie warten würde, sofern sie den Glauben hätten, vorwärtszugehen. Moses aber fragte: «Wie sollen wir den richtigen Ort finden?» – «Ich werde euch führen», antwortete Gott. «Wie willst du mich führen?» fragte Moses wieder. «Jeden Tag wird vor euch eine Wolke ziehen. Und in der Nacht wird eine Feuersäule am dunkeln Himmel sein.» Gott hielt sein Versprechen. Moses folgte am Tag der Wolke und in der Nacht der Feuersäule. Das Volk holte die Wolke und die Feuersäule nie ein. Gott hatte es so geplant. Die Juden wurden vorwärtsgezogen, so wie eine Karotte einen Hasen aus den Büschen hervorlockt.

Worin liegt die tiefe theologische und psychologische Wahrheit dieser Geschichte? Holen Sie die Wolke nie ein! Holen Sie das

Feuer nie ein! Die Spannung zwischen dem Ist und dem Soll muss immer gegeben sein, sonst beginnen wir zu sterben. Sobald wir zu streben aufhören, beginnen wir zu sterben! So einfach ist das. Beim Klettern sterben oder in öder, tödlicher Stumpfheit und Interesselosigkeit sterben – das ist die Wahl, die wir haben. Halten Sie auf dem Gipfel nicht ein! Wenn wir zu träumen aufhören, beginnen wir zu sterben!
Von Oliver Wendell Holmes stammen die Zeilen:

> Baue drei weitere stattliche Häuser, o meine Seele,
> Solange die flüchtige Zeit noch ist!
> Lasse deine dumpfe Vergangenheit hinter dir!
> Verschliess dich dem Himmel durch jeden neuen Tempel,
> Den du noch schöner als den letzten baust,
> Wie in einem immer noch weiteren Dom,
> Bis du dann frei bist,
> Indem du deine Muschel, der du entwachsen,
> Im rastlosen Lebensmeer zurücklässt!

Was heisst das? Wenn wir jeden Lebenstag leben wollen, müssen wir ehrgeizig kämpfen! Warum aber gibt es Menschen, die auf dem Gipfel einhalten?
Für einige von ihnen sind die erbrachten Leistungen ausreichend, es gibt für sie mehr Selbstachtung, als sie benötigen. Einen weiteren Kampf auf sich zu nehmen scheint deshalb unnötig und ist der Mühe nicht wert. Sie meinen fälschlicherweise, sie könnten über Monate, Jahre, ja sogar den Rest ihres Lebens von der Selbstachtung zehren, die ihnen die Belohnung, der Rekord, der Sieg, das Gipfelerlebnis verschafft hat. Doch Selbstachtung hat ein kurzes Leben.
Kürzlich traf ich zufällig einen Bekannten, den ich während meiner Studienzeit kennengelernt hatte. Er hatte damals als Klassenerster abgeschlossen und war auf seine Leistung sehr stolz gewesen. Ich war bestürzt, zu sehen, dass dieser Mensch, der eine so

hervorragende Ausbildung genossen hatte, sich nicht weiterentwickelt hatte. Schliesslich fand ich heraus, was geschehen war. Er hatte nur noch von der Anerkennung gezehrt, die ihm im College zuteil geworden war. Seine Schwierigkeiten begannen in dem Augenblick, als man ihm das Diplom überreichte. Er schloss wohl ab, ging aber nicht weiter. Er hielt ein. Sein Diplom war kein neuer Anfang. Es war ein Abschluss, aber kein Beginn. Sein ganzes Talent, seine Ausbildung, Erziehung, seine Begabung und seine Möglichkeiten waren alle vergeudet. Denn er war auf dem Gipfel stehengeblieben!

Der zweite Grund, weshalb viele Menschen auf dem Gipfel anhalten, ist darin zu suchen, dass sie ihrer eigenen Leistung zum Opfer fallen. «Wenn ich dort angekommen bin, höre ich auf», mutmassen sie. Gegen sich selbst anzutreten kann ein gefährlicher Gedanke sein.

Ich muss gestehen, dass meine Freude und Genugtuung über eine Rede, die ich gehalten habe und die mir persönliche Befriedigung verschafft hat, jeweils durch eine unterschwellige Angst getrübt wird, die daher kommt, dass ich mir für meine nächste Predigt oder Rede noch mehr vornehmen muss.

Rudyard Kipling hat folgendes geschrieben: «Die ersten Preise gehen nicht immer an die besten und brillantesten Menschen. Der Mensch, der gewinnt, ist der Mensch, der seines Könnens gewiss ist.» Das ist der Grund, weshalb viele Menschen, die Höchstleistungen erbringen, nicht immer zu jenen zählen, die mit den grössten Ehren und Belohnungen bedacht werden. Die Preisgewinner haben die Spitze erreicht und sind dort stillgestanden! Sie sollen es jetzt einfacher haben. Sie freuen sich über die Lorbeeren und sagen sich: Warum soll ich eigentlich nicht ausruhen?

Der dritte Grund, weshalb viele Menschen auf dem Gipfel einhalten, liegt darin, dass sie von ihrem Erfolg fasziniert sind. Das köstliche Erfolgsgefühl hypnotisiert sie buchstäblich.

Vor einiger Zeit stand ich einer jungen Frau bei, mit deren Gefühlsleben und Selbstachtung es im argen lag. Es fiel ihr schwer, von den anderen akzeptiert zu werden. Nach drei qualvollen Ehen, die alle mit einer Scheidung endeten, kam sie zu mir und bat mich um Hilfe. In unserem Gespräch fragte ich sie: «Welches ist das grösste und beglückendste Erlebnis Ihres Lebens?» Da wurde sie plötzlich munter! «Oh, das war, als ich einen Schönheitswettbewerb gewonnen hatte!» rief sie aus und erzählte mir, dass sie von sechzehn Mädchen die Erste gewesen sei. Mit achtzehn Jahren war sie an der Spitze. Doch was geschah dann? Sie hatte auf dem Gipfel angehalten! Sie hatte wohl ein Gipfelerlebnis gehabt, war aber dann nicht mehr vorwärtsgegangen! Ein solcher Erfolg hält nicht lange vor. Halten Sie auf dem Gipfel nicht ein!

An einer kirchlichen Versammlung hörte ich, wie ein Mann von sich selbst berichtete. Er erzählte, wie sein Glaube an Gott vor 27 Jahren sein Leben verändert hatte. Das war die Quintessenz seines Berichtes. Für mich war das Ganze unsäglich langweilig. Wenn jemand von keinem beglückenden Erlebnis erzählen kann, das er im letzten Monat mit Gott gehabt hat, so ist seine Geschichte alt und für niemanden von Interesse. Der Mann kam mir vor wie jener College-Absolvent, der nach der Diplomverleihung kein Buch mehr gelesen und keine ernsthaften Studien mehr betrieben hatte.

Diese Menschen haben alle einen grundlegenden Fehler gemacht. Sie haben ihr Gipfelerlebnis zu einem Abschluss statt zu einem neuen Anfang gemacht. In einem dynamischen Leben ist jeder Abschluss ein Anfang. Der Gipfel muss Anlass zu einem Ausblick geben. Eine Leistung muss dazu führen, dass man eine noch kühnere Herausforderung erblickt. Sorgen wir also dafür, dass immer weitere Berggipfel vor uns liegen!

Ein vierter Grund, weshalb viele Menschen auf dem Gipfel einhalten, liegt darin, dass sie vom Kampf erschöpft sind. Völlig abgekämpft, erschlagen, erschöpft und verwundet sind sie oben angekommen und fragen sich nun: «Warum soll ich all das nochmals durchmachen?» Sie sind nicht sicher, ob sich der Aufwand gelohnt hat, und wollen nun aufhören. Warum das alles nochmals durchmachen? Welche Möglichkeit gibt es sonst noch? Aufhören und sterben! Genau das geschieht! Und wenn wir zu wachsen aufhören, beginnen wir zu sterben!

Als die Israeliten durch die Wüste zogen, versprach Gott nicht nur, ihnen die Kraft zu geben, damit sie unaufhaltsam vorwärtsgehen konnten, er sagte auch: «Ich werde euch auf dem ganzen Weg Nahrung geben.» Und etwas Geheimnisvolles geschah. Die Bibel erzählt, dass Manna vom Himmel fiel. Es fiel am Abend, so dass sie am nächsten Tag bei Sonnenaufgang sich erheben und die ihnen von Gott gegebene Nahrung suchen konnten. Diejenigen, die Gott folgten, konnten die Nahrung auflesen, sie essen und davon zehren.

Dann kam jemand mit dem Gedanken, Zeit und Kraft zu sparen. Sie waren es müde, Tag für Tag auszugehen und das Manna zu suchen. Sie zogen einige Männer zusammen, die so viel Nahrung wie nur möglich zusammentrugen. Nachdem sie sie zusammengetragen und eingelagert hatten, waren sie überglücklich, denn von nun an würden sie nicht mehr jeden Tag in der drückenden Hitze ihre Nahrung einsammeln müssen. Doch am folgenden Tage stellten sie fest, dass Manna nicht haltbar war; es war nur einen Tag lang gut, nachher verdarb es.

Ich erinnere mich hierbei an die Zeit, da ich auf der «Chapman College Campus Afloat» war, einem Schiff, das während vieler Wochen auf dem Pazifischen Ozean fuhr. Meine Frau und unsere beiden ältesten Kinder, Robert und Sheila, waren als Passagiere mit auf dem Schiff. Wir hatten ein kleines Problem: Zum Frühstück assen unsere Kinder sehr gerne trockene Getreideflocken. Jeden Morgen stürzten sie sich auf ihre Lieblingsspeise. Doch jedesmal, wenn sie ihre Teller damit füllten, entdeckten sie darin winzig kleine Käfer. Das war eine böse Überraschung. Unsere Kinder rührten ihre Getreideflocken nicht mehr an. Eines Morgens, als wir wieder am Frühstückstisch beisammen sassen, sahen unsere Kinder, wie der Kellner mit einem noch verschlossenen Paket Getreideflocken kam. Aufmerksam sahen sie ihm zu, wie er den Karton öffnete. Endlich ein Frühstück ohne Käfer, dachten sie. Doch als sie kalte Milch über die appetitlichen Flocken gossen, tauchten wieder jene kleinen Lebewesen auf. Der Grund ist der: In allen Trockennahrungsmitteln befinden sich mikroskopisch kleine Eier, und wenn man die Nahrungsmittel zu lange im Gestell hält, schlüpfen die kleinen Tierchen aus. Selbstachtung, die vom letzten Erfolg herrührt, hält im Gestell auch nicht lange! Mit der Selbstachtung, die einem ein Gipfelerlebnis verschafft, ist es wie mit verpackter Trockennahrung: sie hat ein kurzes Leben und wird bald wertlos und unbrauchbar. Wie Manna vom Himmel kann man Selbstachtung nicht einlagern und über lange Zeit schön langsam davon zehren - sie hält nicht lange. Sie baut sich sehr rasch ab. Die Selbstachtung, die von einem Gipfelerlebnis herrührt, hält vielleicht etwa drei, vier Monate vor. Und wer auf die Lorbeeren, Trophäen und Preise zurückblickt und an all die Ehrungen, Siege und bezwungenen Berge denkt, stellt fest, dass davon nichts mehr bleibt. Und wenn er versucht, diesen alten Errungenschaften neue Selbstachtung abzuringen, indem er der jüngeren Generation von seinen Abenteuern und Leistungen erzählt, so wird er bemerken, wie seine jungen Zuhörer vor Langeweile die Augen verdrehen. Sie wollen sich das nicht anhören, denn die Geschichten sind alt und überholt.

In meinem Buch «Es gibt eine Lösung für jedes Problem» (Oesch-Verlag, Thalwil) berief ich mich auf diesen Grundsatz, als ich dort schrieb: «Wenn Wachstum verboten wird, wird der Keim des Todes und des Zerfalls in die Institution eingesetzt.» Warum gibt es Institutionen, die nur kurze Zeit leben, während andere lange bestehen?

Institutionen beginnen dann abzusterben, wenn sie nicht mehr auf die nächtlichen Rufe und nicht mehr auf die Hilferufe hören. Institutionen, die ständig nach Menschen suchen, die in Not sind, und ein entsprechendes Hilfsprogramm ausarbeiten, gehen nicht zugrunde.

Solche Institutionen werden nicht nur überleben, sondern sich noch vergrössern. Warum? Weil ihre Existenz letztlich auf einer Tätigkeit beruht, welche die grundlegenden Bedürfnisse der Menschen befriedigt!

Dort, wo wachstumshemmende Hindernisse drohen, müssen wir diese entweder beseitigen oder dann die Tatsache akzeptieren, dass in der Institution der Keim des Todes und des Zerfalls ist. Denn auf dem Gipfel bleiben wir nicht stehen! Es gilt vielmehr, die persönlichen wie die geschäftlichen Ziele ständig zu überprüfen, zu überdenken, zu korrigieren und dem neuesten Stand anzupassen. Fragen wir uns daher: «Befriedigen wir menschliche Bedürfnisse?» Wenn die Antwort Ja lautet, werden wir von einem Gipfel zum anderen gehen. Und jede neue Errungenschaft gibt uns die Zuversicht und das Vertrauen, auf einen noch höheren Berg zu steigen. Wir halten nach noch grösseren Bedürfnissen Ausschau und entwickeln neue Programme, die wir dynamisch realisieren und ausdehnen - indem wir Menschen helfen.
Wer glaubt, er könnte heiraten, Kinder haben, eine gute Stelle finden, etwas Geld sparen, sich vorzeitig pensionieren lassen und sich dann im besten Alter zur Ruhe setzen, um die restlichen Lebensjahre im warmen Sonnenschein zu verbringen, ist auf dem falschen Weg. Sich zur Ruhe setzen - diese Zeit mag verlockend sein, solange sie vor einem liegt; ist sie aber einmal gekommen, ist sie alles andere! Rasch macht sich Leere in einem breit: man kann auf dem Gipfel nicht einfach anhalten!
In unserem Leben muss ein grosser Kampf stattfinden, sonst sterben wir vorzeitig! Wir beginnen in dem Augenblick zu sterben, wo wir zu kämpfen aufhören! Warum gibt uns Gott nach jedem Kampf einen Sieg? Nicht etwa, damit wir anhalten, schwelgen, müssig sind, zaudern oder schwanken, sondern damit wir durch das vor uns liegende Tal hindurch gehen, von dem wir nicht wussten, dass es existiert. Auf dem Gipfel nicht einhalten! Weiter wachsen, weiter streben!
Denken Sie an Ihr letztes Gipfelerlebnis! Wollen Sie es damit bewenden lassen, oder werden Sie nach Grösserem und Höherem streben? Das Erlebnis verschaffte Ihnen Selbstachtung; aber damit kommen Sie nicht aus. Sie können es nicht einpacken, ins Gestell legen und, wenn es Ihnen beliebt, den Kasten öffnen, es hervorholen und erneut darin schwelgen. Sie werden feststellen,

dass es ungeniessbar geworden ist. Wie ich bereits sagte: Selbstachtung hat ein kurzes Leben, und sobald Ihre Selbstachtung schwindet, brauchen Sie ein neues Gipfelerlebnis. Sie können auf dem Gipfel nicht anhalten. Da ist nichts zu machen. Sonst verhungert Ihr Gemüt und Ihr Gefühlsleben.Wer zu essen aufhört, stirbt körperlich. Wer sich nicht mehr bewegt, stirbt körperlich. Wer zu atmen aufhört, stirbt körperlich. Wer zu lernen aufhört, stirbt geistig. Wer zu beten aufhört, stirbt geistig. Wer zu kämpfen aufhört, dessen Selbstachtung beginnt zu sterben!

Einem Bekannten von mir, der in einem Industriebetrieb eine wichtige Stellung bekleidet hatte, wurde gekündigt, weil man einen jüngeren Mann fand, von dem man sich mehr versprach. Eine nähere Überprüfung ergab folgendes: Der ältere Mann wurde entlassen, weil er versucht war, auf den früher erworbenen Lorbeeren auszuruhen. Er war zu müde und zu bequem, mit der Entwicklung Schritt zu halten, Neues zu erforschen und seine Kenntnisse à jour zu halten. Seinerzeit hatte er als Klassenbester abgeschlossen und war einer der besten Ingenieure gewesen. Aber er hatte nicht dafür gesorgt, dass er weiter wuchs. Von jenem Augenblick an hatte er geistig und organisatorisch zu sterben begonnen. Ohne Fleiss kein Preis, ohne Kreuz keine Krone. Es gibt keine Selbstachtung, wenn man keine neuen Herausforderungen annimmt und siegreich zu Ende bringt.

Ich habe weiter oben erwähnt, dass ich gerne jogge. Hin und wieder sage ich mir, dass ich, wenn ich 65 oder 70 bin, aufhören kann zu laufen und mich über meine Fitness freuen kann. Aber das geht nicht. Ich muss weiterlaufen, bis ich hundert Jahre alt bin. Und an meinem hundertsten Geburtstag werde ich joggen gehen!

Sobald wir aufgeben, beginnen wir zu sterben! Das ist ein Lebensprinzip. Sobald wir die Herausforderung Gottes, den nächsten Berg hinaufzuklettern, ablehnen, sterben wir, egal wie alt wir sind. Wer zu müde ist, um auf weitere Berge hinaufzugehen, und beschliesst, auf dem Gipfel oben aufzuhören, sollte ein grosses Loch graben, denn er liegt bereits im Sterben.

In einem Interview wurde ich kürzlich gefragt: «Dr. Schuller, wie wir wissen, haben Sie über ein Dutzend Bücher geschrieben, Ihr Sprengel zählt über 10 000 Mitglieder, und Ihr Fernsehprogramm wird von 150 Stationen ausgestrahlt. Wäre es nicht möglich, dass Ihre ganze Arbeit nichts anderes als ein riesiges Zahlenspiel ist?»
Meine Antwort auf diese Frage kam sofort: «Wenn ich Arzt wäre und die Kinder in der Gemeinde impfen müsste, so würde ich auf meiner Impfspritze keine Striche machen, um zu zählen, wie viele Kinder denn schon geimpft wurden. Ich würde nur eines tun: nach all denen suchen, die noch nicht geimpft wurden und noch nicht immun sind. Es ist die noch nicht vollendete Aufgabe, die uns unsere herausfordernden Ziele setzt. Wir halten auf dem Gipfel nicht an. Wir hören erst auf, wenn wir jedem, dem man in unserer Kirchgemeinde nur irgendwie helfen kann, wirklich geholfen haben!» Niemand kann aufhören, nach noch höheren Bergen Ausschau zu halten, solange er die Hilferufe aus dem weit entfernt gelegenen Dschungel hören kann.
Weder Sie noch ich können aufhören zu wachsen, solange wir die Rufe in der Nacht hören. Wir können nicht aufhören zu wachsen, solange wir Menschen antreffen, die schuldbeladen sind. Wir können nur dann aufhören zu wachsen, wenn die Welt aus perfekten Menschen besteht, die keine Probleme haben, deren Herz nicht gebrochen ist und die nicht in Einsamkeit leben. Dann, und nur dann, können wir aufhören! Aber das hiesse, dass wir den höchsten Gipfel erreicht haben: den Himmel.
Halten Sie auf dem Gipfel nicht ein! Machen Sie sich Ihr neuestes Erlebnis vielmehr zunutze, um mit dem dadurch erworbenen grösseren Verständnis, Bewusstsein und der gewonnenen Empfindsamkeit nach noch grösseren Leistungen und Möglichkeiten Ausschau zu halten. Der Kampf sollte in Ihnen nicht den Wunsch wecken, sich zurückzuziehen. Er sollte Sie vielmehr zur Überzeugung führen: «Jetzt weiss ich, dass ich mehr kann, als ich je für möglich gehalten habe.» – «Jetzt weiss ich, dass ich mehr bin, als ich je zuvor gedacht habe.» Klettern Sie weiter: Was wird man am Ende Ihres Lebens von Ihnen sagen?

«Er starb beim Essen?» – Nein!
«Er starb beim Schlafen?» – Nein!
«Er starb, indem er zurückblickte und seine Errungenschaften zählte?» – Nein!
«Er starb beim Klettern!» Ich hoffe, dass man das von mir sagen kann, und ich hoffe, dass man es auch von Ihnen sagen wird!
Sie können auf dem Gipfel nicht einhalten, sonst verdirbt das Manna der gestrigen Selbstachtung!
Sie müssen sich weiterbilden, sonst machen neue Erkenntnisse und neues Wissen Ihre Ausbildung und Ihre beruflichen Auszeichnungen bald einmal wertlos!
Halten Sie auf dem Gipfel nicht ein!

Kapitel 15

Sprechen Sie vom Gipfel herab

Eines der grössten Probleme unserer Zeit besteht darin, dass negative Kräfte die Führung übernommen haben. Die Blinden führen die Blinden an. Die positiv denkenden Menschen sind so sehr mit ihren grossen Ideen, schöpferischen Projekten und aufbauenden Tätigkeiten beschäftigt, dass ihnen die Zeit fehlt, gross aufzutreten. Und so sind es die Verlierer, die schreien und lärmen! So scheint es im Leben zu gehen. Wie oft hören wir die starke positive Stimme einer Mary Pruetzel, der Mutter des verstorbenen Freddy Prinze? Mary, eine gute Bekannte von mir, richtete sich, tief betrübt über den Tod ihres Sohnes, mit diesen Worten an die Öffentlichkeit: «Gott sagte zu mir: ‹Frag nicht mehr: Warum? – hör auf mich.› Ich begann also, auf Gott zu hören, der zu mir sprach: ‹Freddy war nicht wirklich dein Sohn, er kam durch dich zur Welt, ich gab ihn durch dich der Welt, aber er gehörte mir. Weine nicht über deinen Verlust. Viele Frauen haben nie ein Kind gehabt und werden nie ein Kind haben. Du aber hattest ein Kind! Sei dankbar dafür! Du hattest dein Kind während 22 Jahren – sei dankbar!›»

Das ist die herrliche Geschichte eines positiven Menschen, der auf diese Weise seinen Kummer überwand. Überlegen Sie sich aber einmal, wie die meisten Menschen in einem solchen Falle reagiert hätten. Üblicherweise hört man nur, wie sich betrübte Menschen in Selbstmitleid ergehen. Sie klagen über ihren Verlust und versenken sich in eigennützigen Kummer.

Wir hören Klagerufe aus den Tälern statt positive Menschen, die vom Gipfel herab sprechen!

Negativ denkende Verlierer gibt es überall. Und sie sind recht stimmgewaltig. Ich denke hierbei an jenen Studenten, der sich im College schwertat. Er sprach mit einigen Freunden, welche dieselbe Vorlesung ein Semester zuvor belegt hatten. Sie waren sich alle einig, dass der Lehrer langweilig war und am Unterrichtsgegenstand wenig Interesse zeigte. Könnte es wohl sein, dass dieser Lehrer ein Mensch war, der sich in der harten, vom Wettbewerb geprägten Geschäftswelt nicht durchsetzen konnte und nun mit Rang und Würde versehen in einem Klassenzimmer Unterschlupf gefunden hatte? Hier schien also ein Verlierer den Versuch zu unternehmen, die jüngere Generation zu unterweisen! Das negative Denken hat in vielen Institutionen die Führung übernommen.

Man trifft es häufig, dass Menschen mit seelischen Problemen Psychologie und Psychiatrie studieren. Sie fürchten sich vor sich selbst und studieren deshalb «Geisteswissenschaften», weil sie hoffen, so zu sich zu finden und mit der Zeit ihre eigenen Probleme zu lösen. Diese Menschen wählen ihre Laufbahn entsprechend ihren Bedürfnissen, sei es im Lehrfach, im Pfarramt oder in der Psychologie. Die Gefahr liegt dabei darin, dass wir unter Umständen schwache Persönlichkeiten in Machtpositionen haben! Und dort verbalisieren sie dann ihre Probleme!

Warum hören wir keine Menschen vom Gipfel herab sprechen? Warum sind nicht die Sieger am Steuer? Ich besprach diese Frage mit dem Verwaltungsratsvorsitzenden einer Grossunternehmung in New York. «Sie sollten für das Amt des Präsidenten der Vereinigten Staaten kandidieren», sagte ich zu ihm. «Sie sind gescheit. Sie sind ein erfolgreicher Manager und eine ehrliche, geschickte Führungskraft. Sie haben alle Eigenschaften eines grossen Präsidenten!»

Aber er ist nicht in der Regierung. Warum nicht? Weil er so positiv eingestellt und derart schöpferisch tätig ist, dass er mit so vielen Projekten beschäftigt ist, dass ihm keine Zeit bleibt, sich mit Politik zu befassen.

Ich erinnere mich, wie ich einst von einem äusserst negativ denkenden Zeitungsreporter interviewt wurde. Nach dem Interview sagte ich: «Jetzt habe ich an Sie noch eine Frage: Warum ist ein so hochintelligenter Mensch wie Sie derart zynisch? Sie scheinen an allem, was ich sage, zu zweifeln.» – «Nun, ich mache nur

Interviews mit Menschen, die Probleme haben.» – «Ich habe aber keine Probleme», erwiderte ich und fügte hinzu: «Warum haben Sie denn mich interviewt?» – «Sie wurden mir eben speziell zugeteilt.» Seine Antwort führte mich zur Frage: «Ist es denkbar, dass Ihr Zynismus eine berufliche Gefahr ist? Und ist es möglich, dass Sie die Welt aus Ihrer zynischen Haltung heraus interpretieren?» So rufen Zyniker aus.

Wir hören aus dem Tal das Echo der Torheit und des Unsinns, wogegen die positiv denkenden Menschen, die das Zeug dazu hätten, keine Zeit haben, aufzutreten, zu kämpfen oder sich für etwas einzusetzen, weil sie von ihren kühnen Ideen und Projekten voll in Anspruch genommen werden. Wenn wir derart damit beschäftigt sind, etwas zu erreichen, Erfolg zu haben und unsere Ideen und Träume zu verwirklichen, vergessen wir leicht, vom Gipfel herab zu sprechen!

Erfolgreiche Menschen haben in dieser Welt Führungsverantwortung! Wir können es uns nicht leisten, das Steuer lärmenden Versagern zu überlassen. Das Steuer darf nicht in den Händen der Schwachen sein. Führung muss vom Gipfel herunter kommen. Die Blinden führen die Blinden. Verlierer und negativ denkende Menschen sind die Lehrer unserer Welt. Und das ist ein Unglück! Die Welt muss lernen, auf die Sieger zu hören, und damit aufhören, auf die Verlierer zu hören.

Hören Sie nicht auf die Klagerufe aus dem Tal. Wenn Sie die Wahrheit kennenlernen wollen, so hören Sie auf positiv denkende Menschen. Erfolgreiche Menschen müssen zu Wort kommen, damit die Sieger den Weg zeigen und nicht die Verlierer.

Werfen wir einmal einen Blick auf unsere heutige Welt. Viele Menschen glauben nicht mehr an die Einrichtung der Ehe. Aber wer sind die Menschen, die so sprechen? Es sind die Verlierer, nicht die Gewinner. Viele «Anti-Familien»- und «Anti-Ehe»-Artikel stammen aus der Feder von Erwachsenen, die im Kindesalter, als sich ihre Eltern trennten oder gegeneinander verbittert kämpften, seelischen Schaden davontrugen. Immer wieder höre ich Männer und Frauen sagen: «Ich werde meine Beziehungen mit dem andern Geschlecht haben, aber ich werde keine Verpflichtung eingehen.» Warum? Weil sie verletzt wurden, als ihr Partner sie betrog und das Heim verliess! So wurden sie zu vehementen Vertretern der Anti-Ehe-Bewegung. Ihre Stimmen sind Klagerufe aus dem Tal. Wir aber sollten auf Menschen hören, die vom Gipfel herab sprechen!

Ich will hier für die Ehe ein gutes Wort einlegen. Mit meiner Frau bin ich seit bald 27 Jahren verheiratet, und es gibt nichts Grösseres als eine Beziehung, in der zwei Menschen bis zu ihrem Lebensende die bedingungslose Verpflichtung füreinander tragen. Da gibt es überhaupt nichts dagegen zu sagen! Wir haben fünf tolle Kinder, die alle in unserem Heim aufgewachsen sind. Die Familie ist eine wunderbare Einrichtung! Sie ist der einzige Ort, wo sich Menschen umeinander kümmern können, einander unterstützen können, füreinander beten können und selbstlos füreinander da sind. Das schreibt kein Verlierer. Das sind die Zeilen eines Gewinners! Ich spreche vom Gipfel herab!

Was ist der Preis des Erfolgs, was kostet die Errungenschaft? «Wem viel gegeben wird, wird viel genommen.» Schauen Sie auf all das Elend in dieser Welt. Jemand muss gegen all diese negativen Ideen antreten, und dieser Jemand müssen Sie sein!

Schweigen Sie nicht länger! Wenn Sie laute negative Stimmen hören, so lächeln Sie und reden Sie! Sagen Sie den Menschen die Wahrheit! Sagen Sie ihnen, dass sie nur zwei Möglichkeiten haben: negativ oder positiv sein, zynisch sein oder glauben, lieben oder feindselig sein, sich zu etwas verpflichten oder die Flinte ins Korn werfen. Der einzige Weg, auf dem wir zu dauernder Hoffnung, zu Liebe und zu Frieden gelangen, liegt in der Beziehung zu Gott, unserem Schöpfer. Er hat viel für Sie getan. Sprechen Sie vom Gipfel herab!

In einer Schule in Süd-Dakota hat es einige Schüler, die am Down-Syndrom leiden, d. h. weder lesen noch schreiben können. In einem Buch berichtete ich, wie diese Kinder lernen, ganze Sätze zu lesen und zu schreiben, und erhielt darauf den Brief eines Kollegen, der sich über diese Schule sehr negativ äusserte. Später erfuhr ich, dass dieser Mann ein am Down-Syndrom erkranktes Kind hatte und dass ihm und seiner Frau geraten wurde, das Kind in ein Pflegeheim zu geben. Man sagte den Eltern, dass der Fall hoffnungslos sei; das Kind sei lernunfähig. So gaben sie ihr Kind in ein Pflegeheim und fanden sich mit der Tatsache ab, dass es ein hoffnungsloser Fall war. Als mein Buch herauskam, war ihr Kind 21jährig und konnte nicht einmal das Wort AUSGANG lesen. Seine Eltern lasen mein Buch und wurden verbittert, als sie lasen, dass es am Down-Syndrom leidende Kinder gibt, die ganze Sätze lesen lernen. Sie hatten auf Verlierer gehört! Wenn Sie auf Verlierer gehört haben, werden Sie wahrscheinlich wütend, wenn ein Gewinner spricht, denn seine Aussage könnte ein Urteil sein über das, was Sie gemacht haben.

Verlierer sind auf Sieger wütend! Negative Menschen können positive Menschen nicht ausstehen! Das Negative verträgt das Positive nicht!

Verzweifelte, negative Menschen versuchen die Glaubwürdigkeit eines positiv denkenden Menschen zunichte zu machen, indem sie ihn einen falschen Hurra-Philosophen nennen.

Wenn mir jemand sagt: «Soll das heissen, dass wir nie ausrufen dürfen, wenn wir negativ gestimmt sind?», so antworte ich ihm: «Äussern Sie nie ein negatives Gefühl, wenn Sie nicht in der Lage sind, verwundbare Menschen vor der Gefahr abzuschirmen, dass sie von negativen Gedanken beeinflusst werden, die zu sich selbst verwirklichenden Prophezeiungen werden können.»

In allen Ideen ist die Möglichkeit verborgen, Wirklichkeit zu werden. Eine Idee enthält die Kraft, sich zu realisieren. Wenn eine Frau ihren Mann fragt: «Betrügst du mich?», ständig an ihm herumnörgelt und ihm immer wieder vorwirft, dass er ihr untreu sei, so wird er sie eines Tages betrügen. Das geschieht immer wieder. Äussern Sie nie ein negatives Gefühl, wenn Sie nicht sicher sind, ob Sie verwundbare Menschen abgeschirmt haben.

Wie kann man mit einer negativen Situation zu Rande kommen, ohne in den Menschen den Drang zu einer negativen Handlung zu erwecken, an die sie im Grunde genommen nicht gedacht haben?

Äussern Sie sich nie zu einer negativen Sache, ohne dass Sie eine positive Idee anzubieten haben, mit der das Problem indirekt gelöst werden kann!
Geben Sie Ihrem Ärger und Ihrer Enttäuschung nicht freien Lauf, wie berechtigt diese Ihre Gefühle auch immer sein mögen. Das einzige, das Sie tun sollten, ist, eine bessere Idee vorbringen – einen Gedanken, der das Problem löst! Und jetzt gilt es, diesen Gedanken zu «verkaufen».
Wenn die Menschen die Idee dann kaufen, so sind sie sich vielleicht nicht einmal bewusst, dass sie damit ein Problem lösen!
Wie sprechen wir vom Gipfel herab? Sprechen Sie positiv, nicht negativ. Tragen Sie eine Idee oder einen Gedanken vor, der ein Problem löst. Schliesslich sind Sie gesund und nicht verrückt! Was will ich wohl damit sagen?
Der Mann von La Mancha, Don Quijote, schaut nur auf das Gute. Er weiss wohl, dass es das Schlechte gibt, aber er spricht nicht davon. Er spricht über das Gute und ignoriert das Schlechte. Wenn er weiterhin über das Gute spricht, werden auch die Menschen gut. Und wenn sie gut werden, verbessert sich das Böse von selbst! Seine Vorgehensweise ist positiv.
Im Musical «Der Mann von La Mancha» wirft man Don Quijote vor, er sei verrückt. Wer ist verrückt? fragt er. Bin ich verrückt, weil ich die Welt sehe, wie sie werden könnte? Oder ist die Welt verrückt, weil sie sich so sieht, wie sie ist?
Seit ich dieses Stück gesehen habe – es war vor zwölf Jahren –, habe ich über diese Frage unablässig nachgedacht. Heute weiss ich die Antwort. Wer ist verrückt? Der Mann, der die Welt sieht, wie sie ist, das Bild malt, wie es ist, und Nachrichten übermittelt, wie sie sind? Oder der Mann, der all das sieht, wie es werden könnte? Hier ist meine Antwort: Der Mann ist verrückt, dem es nicht gelingt, die restliche Welt emporzuheben. Der Mensch, der nur in düsteren Farben malt, verbreitet Krankheit, weil die anderen Menschen daran glauben. Sie werden deprimiert und verlieren ihre Widerstandskraft. Sie schicken sich in das, was sie das

Unabänderliche nennen. (Nur wenn wir das Unabänderliche nicht ändern können, schicken wir uns darein!)
Im Gegensatz dazu haben wir den Mann von La Mancha, der das Unmögliche träumt und den die Menschen verrückt nennen. (Zyniker nennen positive Menschen immer verrückt!)
Der negative Mensch ist es, der verrückt ist, denn er sieht die Welt, wie sie ist. Er erzählt der Welt, was er sieht, und macht jede Entwicklungsmöglichkeit im Leben zunichte. Der einzige gesunde Mensch ist der positiv denkende Mensch mit erhebenden, aufbauenden Gedanken. Denn er gibt der Welt einen Stern, einen Traum und eine positive Idee. Er sagt der Welt, wie schön sie ist!
Wir neigen dazu, zu dem zu werden, was wir von den Menschen glauben, dass sie von uns glauben.

> Letztlich bin ich nicht, was ich zu sein glaube.
> Ich bin auch nicht, was du glaubst, dass ich bin.
> Ich bin das, was ich glaube, dass du glaubst, dass ich bin.

Sind Sie ein Gewinner? Sind Sie zu beschäftigt gewesen, als dass Sie vom Gipfel herab hätten sprechen können? Halten Sie heute an und sprechen Sie vom Gipfel herab! Überlassen Sie es nicht den laut rufenden Verlierern. Erheben Sie Ihre Stimme und übertönen Sie die Rufe der negativen Kräfte.

Kapitel 16

Wie man vom Gipfel herunterkommt, ohne herunterzufallen

Gestatten Sie mir, nochmals darzulegen, was ich unter dem «Von-Gipfel-zu-Gipfel-Prinzip» verstehe. Ein Gipfelerlebnis ist ein Erfolgserlebnis, ein Erlebnis, das sich nach einer vollbrachten Leistung einstellt und unsere Selbstachtung fördert, die dann wiederum unser Selbstvertrauen vergrössert. Auf diese Weise verschafft uns ein Gipfelerlebnis ein Aussichtserlebnis, nämlich die Aussicht auf noch grössere Errungenschaften, die in den kommenden Monaten und Jahren möglich sind.
Sie müssen wissen, dass Sie ein wertvoller und wunderbarer Mensch sind! Ein Gipfelerlebnis ist eine Errungenschaft oder eine Leistung, die Ihnen die Gewissheit gibt, dass Sie mehr sind, als Sie je zuvor gedacht haben.
Es wäre eine Nachlässigkeit, wenn ich in diesem Buch nicht auch die Frage behandelte, wie man vom Gipfel herunterkommt, ohne herunterzufallen. Mit anderen Worten: Wenn man ein überaus anregendes Gipfelerlebnis hatte und nun wieder herunterkommen muss – wie soll man das anstellen? Was geschieht, nachdem Sie in verantwortungsvoller Stellung gewesen sind und jetzt nach der Pensionierung keine mächtige, entscheidende Funktion mehr innehaben?
Was machen Sie, wenn das Telefon nicht mehr läutet und Menschen nicht mehr Ihren Rat brauchen? Was macht man in solchen Fällen? Oder nehmen wir an, Sie seien auf der Höhe des Ruhms und des Reichtums und würden jetzt durch einen anderen ersetzt? Was machen Sie, wenn Sie entlassen werden, sich pensionieren lassen oder einfach müde sind? Oder wenn Sie geschieden werden? Oder durch jüngere Gipfelstürmer ersetzt werden? Wie bewahren Sie sich Ihre letzte Errungenschaft? Wenn Sie sich kein gleich grosses Gipfelerlebnis mehr verschaffen können, was dann?

Im Verlaufe meiner 27jährigen Tätigkeit habe ich gesehen, wie viele Menschen den Abstieg von Bergen bewerkstelligen, auf die sie mit Erfolg geklettert sind. Unter Zwang die einen, weil sie schon betagt waren, die anderen wegen Begleitumständen, die sie nicht beeinflussen konnten, und viele, weil sie dessen, was sie Existenzkampf nennen, überdrüssig waren. Ich weiss, dass dies für viele Menschen ein grosses Problem ist. Einige sind alt und fragen: «Wie kann ich im Pensionsalter leben?» Wie klettert man einen Berg hinunter, ohne seine Selbstachtung zu verlieren? Wie kann man das Gefühl haben, ein wertvoller, wunderbarer Mensch zu sein, wenn man unten im Tal einfach einer von vielen ist?

Gestern bin ich geklettert,
Heute bin ich oben,
Morgen muss ich absteigen.

Sie können von der Bergspitze herunterkommen und Ihre Selbstachtung nähren, wenn Sie drei Dinge haben: 1. ein Ziel, für das Sie leben, 2. ein Ich, mit dem Sie leben können, und 3. einen Glauben, durch den Sie leben können.

Chuck Colson war einer der mächtigsten Männer Amerikas. Er war Sonderberater des Präsidenten der Vereinigten Staaten, bis er hinunterfiel - direkt ins Gefängnis. Ziemlich hart, so einen Berg herunterzukommen! Doch heute ist sein Leben schöner als je zuvor, denn er hat ein Ziel gefunden, für das er leben kann: Gefangenen in ganz Amerika die Liebe Gottes verkünden.

Um mit Chucks eigenen Worten zu reden: «Ich glaube, mein Leben ist insofern ein Paradox, als ich nach all den Jahren, in denen ich nach Macht, Erfolg, Reichtum und Bedeutung strebte, an jenem Punkt anlangte, wo mir bewusst wurde, wie leer und bedeutungslos das Leben war!

Einst dachte ich, dass ich, wenn ich alle Gewalt habe, die ein Mensch über Menschen haben kann, wenn mein Büro gleich neben demjenigen des Präsidenten der Vereinigten Staaten sei, wenn ich mit dem Flugzeug des Präsidenten fliegen könne und wenn ich Ausführungsbefehle erlassen könne, wirklich wüsste, was Menschenkraft und menschliche Gewalt sei. Doch all das ist nur Schein. Wenn wir glauben, dass wir die menschlichen Probleme lösen können, indem wir in Washington gewaltige Marmor- und Glaspaläste errichten, so ist dies ein Irrtum! Denn die Krankheit, die heute die Menschheit befallen hat, heisst Entfremdung: Menschen sind gegen Menschen, Nationen gegen Nationen, Rassen sind getrennt, Familien auseinandergerissen, die Zahl der Scheidungen ist höher als diejenige der Eheschliessungen.

Erst als ich hinunterfiel und am Boden war, fand ich zum Leben, indem ich den Glauben an Gott fand.

Meine Frau und ich sitzen beim Frühstück oft am Tisch und lesen Berge von Briefen, die mir Menschen als Antwort auf mein Buch ‹Neugeboren› schreiben, in dem ich erzähle, was Gott mir im Leben getan hat, und wenn wir lesen, wie sich das Leben dieser Menschen verändert hat, weinen wir vor Freude!

So schrieb ein junger Akademiker, dass er sich mit Selbstmordgedanken getragen hatte, bis er mein Buch las, und statt sich das Leben zu nehmen, gab er sein Leben Christus! Heute hat er seinen Beruf, ist verheiratet und hat ein schönes Familienleben. Und ich höre von Familien, die sich wieder versöhnt haben, und von Ehepaaren, die zerstritten waren und durch die Macht Christi wieder zu sich fanden. Ich muss zugeben, dass der harte Marinekapitän, der Beil-Mann des Weissen Hauses (so nannte man mich), vor Freude und Dankbarkeit Gott gegenüber weint, dass er mein Leben verändert und mich mit einer besonderen Aufgabe betraut hat. Gott hat mich in die Gefängnisse gerufen, und ich besuche die Gefängnisse in ganz Amerika. Meine Kollegen und ich laden Insassen ein, mit uns zwei Wochen in Washington D.C. zu verbringen. Und sie kommen, um das Wunder der Gemeinschaft zu erfahren: mit Brüdern und Schwestern, die sie wirklich lieben, zusammensein. Sie kommen, um die versöhnende Kraft von Gottes Liebe zu erfahren. Danach gehen sie ins Gefängnis zurück, um ihre Strafe abzusitzen, aber Gottes Liebe lebt in jenen entsetzlichen, kalten, feuchten, düsteren Betonlöchern, die man Gefäng-

nisse nennt, und rehabilitiert Menschen, wo Regierung und Strafvollzugssystem versagt haben.»
Wie Chuck Colson können auch Sie den Berg hinunterklettern, ohne zu fallen, sofern Sie ein Ziel haben, für das Sie leben. Aber Sie brauchen noch etwas dazu: ein Ich, mit dem Sie leben können!
Eldridge Cleaver hatte auch einen Gipfel erklettert, von dem er, ohne zu fallen, herunterkam. Eldridge Cleaver wusste, was es heisst, oben auf einem Berg zu stehen, nur um wieder herunterzukommen. Einst war er der Präsidentschaftskandidat der Peace and Freedom-Partei. Er bekannte sich aus Überzeugung zum Kommunismus. Als er nach Kuba und Nordvietnam reiste, wurde er dort wie ein König behandelt – der rote Teppich wurde ausgerollt! In Paris hatte er eine Luxuswohnung und am Mittelmeer eine zweite. Er hatte es geschafft!
Doch Eldridge Cleaver lief! Lief von einem Ich davon, das in seiner Jugend durch Rassenvorurteile verletzt und verwundet worden war. Er verlief sich in eine reaktionäre, negative und gewalttätige Aktivität. Er lief und lief, bis er eines Tages innehielt und Gott anrief. Er war des Laufens müde! Damals trat Gott in sein Leben und bekehrte ihn. Eldridge Cleaver wurde ein neuer Mensch!
Lassen wir ihn selbst berichten: «Sie sprechen vom Gipfel-Herunterfallen? Nun, man muss nicht zum Stab des Weissen Hauses gehören oder für den Präsidenten als Beil-Mann tätig sein, um auf dem Gipfel oben zu sein. Man kann nämlich ein Beil-Mann für andere Dinge sein, und selbst eine gute Sache kann zu einer schlechten werden, wenn man sie falsch anpackt! Seien Sie vorsichtig!
Ich befand mich auf einem Gipfel, und dann lag ich am Boden. Wenn ich auf mein Leben zurückblicke, um zu verstehen, wie es sich verändert hat, so erkenne ich, dass es eine Folge von Ausschliessungen war. Es begann, als ich zwölf Jahre alt war und nicht mehr auf meine Mutter hörte. Ich konnte sie nicht mehr anhören, weil sie stets versuchte, mich zu belehren.
Kürzlich sagte mir meine Mutter, die jetzt 69 ist: ‹Bis etwa zwölf

warst du ein kleiner Engel, doch von da an warst du ein kleiner Teufel. Da hat das Ganze angefangen: du bist fortgegangen, hast der Familie den Rücken gekehrt und dich von einer Sache nach der anderen abgewandt.› Ich verliess meine Familie, meine Freunde, mit denen ich aufgewachsen war, und trat aus der Mittelschul-Fussballmannschaft aus. Schliesslich wurde ich aus der breiten Bewegung der Schwarzen ausgeschlossen, ebenso aus der Bürgerrechtsbewegung und landete bei den Extremen der Black Panther-Partei.

Es war die Zeit, da ich stolz darauf war, zu den Menschen zu zählen, die vom FBI am meisten gesucht wurden – ehrlich! Doch am Ende wurde ich aus der Partei ausgeschlossen und sogar des Landes verwiesen! Da war ich völlig allein, wusste nicht, wer ich war, wie ich zurückkommen könnte, wusste nicht, wie aus der Sackgasse herauszukommen wäre und wie ich wieder zu Menschen und Freunden zurückfinden könnte, vom Nach-Hause-Gehen gar nicht zu reden!

Erst nachdem ich diese totale Isolierung und Ausschliessung erfahren hatte, war ich fähig, mich dem Glauben zu öffnen. Ich entdeckte, dass plötzlich Türen aufgingen und ich allmählich wieder aufgenommen wurde. Das Pendel schwang nun auf die andere Seite aus! Ein Versöhnungsprozess setzte ein, der auf anderem Wege unmöglich zustande gekommen wäre! Zunächst nahmen mich meine Verfolger wieder an, versöhnten sich mit mir. Der erste Schritt bestand darin, mit dem FBI ins reine zu kommen, von dem ich ja gesucht wurde. Dann kehrte ich nach Amerika zurück, und dort söhnte ich mich mit meiner Familie und meinen alten Freunden aus, die mich bei meiner Rückkehr zunächst mit Verachtung gestraft hatten. Ein Heilungsprozess trat ein, und es ist etwas Wunderbares, wie die heilende Kraft der Liebe zwischen Menschen Brücken bauen kann, die Konflikte zwischen den Generationen, den Rassen und Klassen überwindet.

Ich kann mich auf dem Weg sehen, der zu jener letzten Aufnahme am Ende dieses irdischen Lebens führt, zur Vereinigung mit dem himmlischen Vater! Ich danke Gott, dass diese Dinge möglich sind und ich mich wieder freuen kann, denn ich trage Freude in mir und zeige sie auch.»

Eldridge Cleaver war seinen Berg heruntergeklettert, indem er den Glauben und ein Ich fand, mit dem er leben kann.

Er hat aufgehört, davonzulaufen; er ist sich selber lieb. Er ist ein neuer Mensch!

Sie können einen Berg herunterklettern, ohne zu fallen. Und Sie werden nachher höher als zuvor aufsteigen, sofern Sie ein Ziel haben, für das Sie leben können, ein Ich, mit dem Sie leben können, und einen Glauben, durch den Sie leben können.

Kein Mensch hat den Glauben, durch den wir leben, so anschaulich geschildert wie meine liebe Freundin Corrie ten Boom, die jetzt 86 Jahre alt ist.

Corrie war in den vierziger Jahren auf dem Gipfel des Berges oben. In Holland hatte sie alles, was sie sich nur wünschen konnte, einen lieben Vater, eine wunderbare Schwester und ein erfolgreiches Geschäft. Doch dann marschierte Hitler ein und begann die Juden zu verfolgen. Als gläubige Christen taten Corrie und ihre Familie alles, was sie zur Rettung ihrer jüdischen Freunde nur tun konnten. Im hinteren Teil ihres Hauses bauten sie insgeheim einen Raum ein, in dem sie ihre jüdischen Freunde versteckten, bis sie sie dann ausser Landes bringen konnten. Sie und ihre Familie riskierten das Leben, um den Juden zu helfen. Doch eines Morgens drang die Gestapo in ihr Haus ein und wollte wissen, wo die Juden versteckt gehalten würden. Corrie, ihre Schwester Betsie und ihr Vater waren ertappt! Sie wurden mit Gewalt aus dem Hause gebracht und in ein Konzentrationslager gesteckt. Dort starb dann Corries Schwester. Ein Glaube, durch den man leben kann – Corrie weiss, was das bedeutet!

Corrie weiss, wie es ist, von der Jugend in hohes Alter abzusteigen und sich aus einer lieben Familie in die Einsamkeit hinab zu begeben. Doch sie hat den Glauben, durch den sie lebt. Und welche Vitalität und Lebensfreude hat sie erst! Heute ist sie über achtzig und schreibt Bücher.

Corrie schreibt: «Ich freue mich, dass ich etwas vom Glauben

erzählen kann; ich möchte Ihnen aus verschiedenen Abschnitten meines Lebens berichten.
Zuerst lebte ich glücklich mit Vater und Betsie, meiner Schwester, zusammen. Ich hatte eine gut gehende Uhrenfabrik; ich war der erste konzessionierte weibliche Uhrmacher. Dann kam jene schreckliche Zeit im Gefängnis. Darauf folgte eine Zeit, während der ich für den Herrn herumzog – 33 Jahre waren es! Und jetzt bin ich in einem neuen Lebensabschnitt: Ich bin als Ausländerin in Amerika niedergelassen, wo ich bleiben und meine Bücher schreiben kann! Ich bin glücklich darüber, denn ich bin kein Vagabund mehr! Gott hat mir ein Heim gegeben!
Vielleicht denken Sie jetzt, ich würde mich zur Ruhe setzen. Keineswegs. Sie nennen es Rückzug, für mich ist es ein Aufzug!
Als ich in jenem schrecklichen Lager war, wo 95 000 Frauen umgebracht wurden oder starben, so wie meine Schwester, erfuhr ich, dass Jesus Christus einem göttliche Kraft gibt, die den Feind zum Schweigen bringt und ihm das zufügt, was er Ihnen zufügen wollte. Das ist der Glaube an Jesus Christus.
Durch ihn sind wir mehr als Eroberer! Ja, er ist der Sieg, der über die Welt kommt! Und er gibt Ihnen nicht Angst, sondern Kraft, Liebe und Seelenstärke.
Die Menschen sagen, dass ich einen starken Glauben habe. Einige von Ihnen sagen vielleicht, dass mein Glaube nicht so stark ist. Gott kann Sie zum Sieg bringen, und dabei spielt es keine Rolle, ob Ihr Glaube schwach ist, wenn nur der Glaube an den grossen Gott da ist.
Selbst wenn er so klein wie ein Senfkorn ist, so vermag er doch Berge zu versetzen.»

> Ja, Jesus ist derselbe,
> Gestern, als ich hinaufkletterte,
> Heute, da ich auf dem Gipfel stehe,
> Und morgen – auch wenn ich herunterkommen muss!

Kapitel 17

Der Herzschlag eines grossen Kletterers

Wie schlägt das Herz eines Kletterers? Bevor ich diese Frage beantworte, möchte ich drei sehr wichtige Dinge sagen:
Erstens: Gott will, dass unser Leben gross ist.
Zweitens: Ein grosses Leben haben heisst, sich mit Stolz über das Erreichte freuen.
Drittens: Es gibt keinen Stolz auf das Erreichte, ohne dass man einen Berg bezwingt. Gott will, dass wir das grossartigste Gefühl der Welt empfinden: die Freude der Selbstachtung, die sich einstellt, wenn wir die Aufgaben, die Gott uns stellt, bewältigen. Gott heisst uns, Bergsteiger zu sein.
Es gibt zwei Menschentypen, die auf keine Berge steigen wollen. Zunächst einmal die Küstenfahrer. Diese Menschen fahren das Ufer entlang und hoffen, dass etwas geschieht – vielleicht haben sie Glück und werden erfolgreich. Jemand sagte einmal: «Auch ein toter Fisch kann flussabwärts schwimmen.» Es gibt viele Menschen, die dem Leben gegenüber eine solche Einstellung haben. Keine Träume, keine Verpflichtungen, keine Ziele, keine Pläne. Sie fahren bloss die Küste entlang und wundern sich dann, dass in ihrem Leben nichts Besonderes geschieht.
Die zweite Gattung sind die Aussteiger und Drückeberger. Das sind die Menschen, die einfach nicht auf dem Planeten Erde sein wollen. Sie wollen sich aus dem Existenzkampf heraushalten. Schon der Gedanke an Leistung und Motivation ist ihnen unerträglich. Es ist ihnen alles egal, und deshalb entwickeln sie sich absichtlich nicht. Mit der Folge, dass sie nicht wachsen.
Sie kommen mir vor wie jener Mann, dem der Vorgesetzte befahl, ein paar schwere Kisten auf einen Lastwagen zu laden. Es war feucht und heiss und schon bald Feierabend. «Ich kann diese Kisten nicht aufheben, da ich mich nicht strecken kann», jammerte der Mann, «meine Bursitis plagt mich wieder.» – «Das tut

mir leid», sagte sein Chef mitfühlend, «wenn Sie Ihre Bursitis in Ruhe lässt, wie hoch können Sie sich dann ausstrecken?» – «Ja, da kann ich mich so hoch ...», sagte dieser und streckte seine Arme hoch in die Luft! Er hatte bloss versucht, sich zu drücken.

Weiter oben habe ich Abraham Maslow und sein Konzept des Jonas-Komplexes erwähnt. Er spricht von der Flucht vor dem Wachstum, obschon alle grösser und besser sein möchten, als sie sind.

In jedem von uns steckt der Drang, die in uns vorhandenen Möglichkeiten zu verwirklichen. Was aber bewegt die Menschen dann, die Küste entlang zu fahren oder auszusteigen oder sich zu drükken? Es ist die Angst vor unserer eigenen Grösse, die Flucht vor unserem Schicksal. Wir rennen vor unseren grössten Chancen davon.

Gott ruft jeden von uns auf, Bergsteiger zu sein und nicht Küstenfahrer oder Aussteiger oder Drückeberger. Um Bergsteiger zu sein, muss man das Herz eines Bergsteigers haben. Was heisst das? Das heisst, dass uns Gott einen Ruf, eine Aufgabe, ein Gewissen und Mut gibt.

1. Ein Ruf

Ein Bergsteiger ist ein Mensch, der sich ein Herz fasst, einen Ruf hört und von einer Bestimmung geleitet wird. Er muss es tun! Als ich Bergsteigergeschichten las und hörte, dachte ich mir: Ist das etwas Verrücktes! Wer in aller Welt würde schon seine Zeit, sein Geld und seine Kraft dazu verwenden, auf einen Berg zu klettern und dabei sein kostbares Leben zu riskieren?

Dann unterhielt ich mich jedoch mit einigen Bergsteigern in Katmandu. Sie bereiteten sich auf den Aufstieg auf den Mount Everest vor, und ich fragte sie, warum sie auf einen Berg kletterten. Alle sagten übereinstimmend, dass sie von einer Schicksalsgewalt getrieben würden. Sie mussten es einfach tun. Es lag ihnen im Blut. Und derselbe Grundsatz gilt auch in Ihrem und in meinem

Leben. Wenn Sie entdecken, was Gott mit Ihnen will und bezweckt, haben Sie Ihre Bestimmung gefunden. Gott hält für jeden Menschen einen Plan bereit. Gott hat für alles eine Zweckbestimmung!

Auf einem Flug von Los Angeles nach New York drehte sich der Mann, der neben mir sass, zu mir und fragte: «Was machen Sie?» – «Raten Sie», erwiderte ich. Und so ergab sich ein Ratespiel, da er mehrere Berufe nannte. Er erriet es nicht, so dass ich es ihm schliesslich sagen musste. «Ich bin Pfarrer.» – «Und ich bin Gläubiger», sagte er. «Was bedeutet das für Sie?» fragte ich forschend. «Ich glaube, dass es für jeden Menschen und für jedes Ding eine Zweckbestimmung gibt», erklärte er. «Das glaube ich auch!» rief ich aus.

Dann stellte er mir eine verwirrende Frage: «Was ist der Zweck einer Maus?» Ich hatte nicht die geringste Ahnung. Er hatte mich überrascht. «Ja nun», meinte ich, «darüber habe ich noch nie recht nachgedacht. Wozu ist eine Maus da?» – «Sie dient der Wirtschaft», antwortete er und zählte auf, wieviel Geld durch die Existenz der Mäuse dem Bruttosozialprodukt zukommt. Mäusefallen, Katzenfutter und Veterinärhonorare, um nur einige Möglichkeiten zu nennen. «Das ist erst der Anfang!» verkündete er. Wer hätte schon an die Möglichkeiten gedacht, die sich wegen der Mäuse ergeben? Ich war mir zuvor nicht bewusst gewesen, dass Tausende von Menschen arbeitslos wären, wenn es keine Mäuse gäbe. Als er schliesslich seine Aufzählung beendet hatte, war ich wirklich beeindruckt und Gott dankbar für all die Mäuse! Wenn die Mäuse eine Zweckbestimmung haben, so muss erst recht für Sie und für mich eine Bestimmung da sein.

Gott gibt Ihnen ein Problem auf, und das ist Ihre Chance. Er wird Sie herausfordern. Das ist Ihr Berg. Das ist Gottes grösstes Geschenk. Steigen Sie auf, statt die Küste entlang zu fahren oder auszusteigen. Sie werden die grösste Lebensfreude erfahren: die Freude der Selbstachtung, die sich einstellt, wenn Sie wissen, dass Sie das, was Sie machen mussten, gemacht haben.

Die Leute fragten mich zuweilen, ob ich aufgrund eines Rufes zu

meinem Beruf gekommen sei. «Was meinen Sie mit Ruf», fragte ich jeweils zurück. Nachdem sie es mir erklärt hatten, wusste ich, was sie damit meinten, und antwortete: «Natürlich war das so!» Ich habe in mir etwas, das mir sagt, was ich tun muss und was ich sein muss. Das ist der Grund, weshalb ich geboren wurde. Das ist mein einziger Grund, auf dem Planeten Erde einen Platz einzunehmen. Deshalb hat mich Gott hieher gesetzt.
Ein Pfarrer sagte einst einem begabten jungen Studenten: «Ich habe den Eindruck, dass Sie einen Ruf haben sollten, Pfarrer zu werden.» - «Aber ich höre doch keinen Ruf», war die Antwort. «Vielleicht sind Sie nicht in Rufweite», erwiderte der Pfarrer, «nähern Sie sich Gott, und Sie werden seinen Ruf hören!»
Sie werden herausfinden, welches der Berg ist, auf den hinauf Gott Sie schickt!

2. Eine Aufgabe

Manchmal ist unser grösstes Problem das, den Ort zu finden, wo man den Ruf vernimmt.
Bergsteiger sind Teil einer grossen Aufgabe. Sie sehen, dass dieser Ruf das Allerwichtigste ist, weil er auf eine Aufgabe von grösster Bedeutung hinweist. Ich sprach jüngst mit einem Bekannten, den ich alle vierzehn Tage zu einem Gespräch treffe. Dieser Mann hatte vor dem Regierungswechsel eine der mächtigsten Stellungen der amerikanischen Regierung inne. Nun gehört er zu den Arbeitslosen. «Was machen Sie jetzt?» fragte ich ihn. «Robert», antwortete er mir, «ich brauche eine grosse Aufgabe!»
Ich erklärte meinem Bekannten, dass ein Ruf echt und lauter sein müsse und, um diese Echtheit und Lauterkeit zu besitzen, notleidenden Menschen helfen müsse. Der Ruf zu einer grossen Aufgabe muss dies tun.
Der Herzschlag eines Bergsteigers wird vom Ruf bestimmt, eine grosse Aufgabe zu lösen. Er stellt sich in der Form eines Traumes ein. Und wenn dies geschieht, ist vor Ihnen ein grosser Berg, ein

riesiger Berg! Ihn zu besteigen ist nach menschlichem Ermessen fast unmöglich, doch das Unmögliche wird Sie nicht einschüchtern. Der Ruf wird Sie in seine Gewalt nehmen!

3. Ein Gewissen

Das dritte, was der Aufruf, etwas Grosses zu vollbringen, bewirkt, ist das Gewissen. Das Gewissen wird es nicht zulassen, dass Sie die Chance vorbeigehen lassen.
Ich wurde auf einer Farm in Iowa geboren und bin dort auch aufgewachsen; so habe ich gelernt, wie wichtig es ist, meine Bürde zu tragen! Unsere Familie war gross, und jeder einzelne musste mithelfen. Die einen mussten Heu aufladen, die anderen die Kühe melken, während die Kleineren die Eier holen mussten. Jeder hatte seine Aufgaben, und da gab es keine Ausreden. Wenn es regnete oder schneite, rafften wir uns eben auf und gingen nach draussen. Im Hause hatten wir kein fliessendes Wasser, und das Wasser musste in Eimern herbeigeschafft werden. Manchmal gefror es, so dass sich am Kübelrand Eis bildete, noch ehe wir es ins Haus gebracht hatten. Nie werde ich jene kalten Tage vergessen! Und niemand hat je gesagt: «Du armes, kleines Kind, du wirst dich noch erkälten!» Man lehrte uns, hart zu sein!
Ab und zu lief ich weinend ins Haus, doch mein strenger Vater sagte jeweils unmissverständlich: «Eine Schwierigkeit gibt einem keine Entschuldigung!» Von allem Anfang an lernte ich, dass man aus Problemen keine Ausreden macht. Der positiv denkende Mensch macht aus seinen Schwierigkeiten keine Entschuldigungen, um sich zu drücken.
Auf diese Weise entwickelte sich in mir ein Gewissen im Sinne der Verantwortung. Ich könnte meine Verantwortung als Vorsteher einer Kirchgemeinde nicht tragen, wenn ich nicht ein Gewissen, ein Pflichtgefühl den von Gott kommenden Ideen gegenüber entwickelt hätte. Wenn Sie zu einer grossen Aufgabe aufgerufen werden, lässt es Ihr Gewissen nicht zu, dieser den Rücken zu kehren.

4. Mut

Ein Freund fragte mich einmal: «Als du vor 25 Jahren im Autokino deine Gottesdienste abhieltest, hast du damals je von deiner Kirche geträumt, die du jetzt hast?»
«Ich erinnere mich noch daran, als dieser Traum mir zum erstenmal kam; es war ein gewaltiger Traum», antwortete ich, «als ich ihn hatte, zählte unsere Gemeinde 150 Mitglieder. In meinem Traum war alles da: die Kirche, die Brunnen, einfach alles!» Es war aufregend. Ich stellte mir vor, wie herrlich das alles wäre. Doch eines fehlte mir. Der Ruf und das Gewissen waren zwar da, nicht aber der Mut.
Im gleichen Sommer fragte mich Norman Vincent Peale an, ob ich für ihn in der berühmten Marble Collegiate Church an der Fifth Avenue predigen würde. Ich flog nach New York. In seinem Büro hing ein Kalender, auf dem stand: «Lieber etwas Grosses tun und Misserfolg haben als nichts tun und Erfolg haben!» Gott hat diesen Spruch verwendet, um mir den Mut für meine Arbeit zu geben.
Wenn die Gefahr eines Misserfolgs nicht besteht, wäre der Sieg bedeutungslos. Wenn die Gefahr der Niederlage nicht besteht, wäre die Leistung sinnlos. Und das ist der Grund, weshalb es keine Selbstachtung ohne Kampf gibt. Es gibt keine Rettung ohne Opfer. Es gibt keine Krone ohne Kreuz.
Auch Sie brauchen Mut. Sie brauchen ihn, um Ihren Traum wahrzumachen. Wenn Sie zu einer grossen Aufgabe aufgerufen werden, brauchen Sie ein Gewissen, das verhindert, dass Sie aufgeben. Sie brauchen auch Mut. Den Mut, das Risiko des Misserfolgs, der Kritik oder des Spottes einzugehen. Mut, um gegen den Widerstand der anderen anzutreten. Es gibt eine gewaltige Kraft auf dieser Welt: das Gute; es kommt von den Herzen jener Menschen, die Gottes Werkzeuge sind. Sie sind die Köpfe, durch die Gott denkt. Sie sind die Herzen, durch die Gott liebt. Sie sind die Hände, durch die Gott hilft. Sie sind die Stimmen, durch die Gott spricht.

Wir brauchen Bergsteiger. Wir brauchen Menschen, die nach Problemen Ausschau halten, sie lösen, um so die grösste aller Freuden zu erleben. Die Freude der Selbstachtung. Die Freude am Gipfelerlebnis, dem Erlebnis, das uns gewaltige Selbstbestätigung verschafft.
Ein guter Freund von mir, Ralph Showers, verspürte den inneren Ruf, eine Ranch für geistig zurückgebliebene Erwachsene aufzubauen, damit diese eine bedeutsame Tätigkeit verrichten und gewaltige Selbstachtung erlangen konnten. Er hatte kein Geld, wohl aber den Aufruf! Er hatte ein Gewissen. Er konnte diesen Gedanken nicht in den Wind schlagen, sonst hätte ihn dieser sein ganzes Leben lang verfolgt. Er wurde also von einem Aufruf und einem Gewissen angetrieben. Er hatte Mut. Und heute bringt in Arizona eine Ranch für geistig Zurückgebliebene vielen jungen Erwachsenen Glück und Freude.
Echter Mut. Innere Kraft. Stärke. Bergsteiger haben sie. Sie sind bereit, Risiken einzugehen. Sie wissen, dass sie lieber ihr Leben für etwas riskieren würden als leben und nicht auf Gottes Ruf hören.
Millionen von Menschen haben sich mit Leib und Seele dem Negativen verschrieben. Sie spotten über die Menschen, die grosse Träume haben. Sie spotten über die Menschen, die grosse Hoffnungen hegen. Sie zerstören jegliche Begeisterung und versuchen die Träumer zu vernichten. Wenn Sie auf Berge steigen wollen, müssen Sie den Mut aufbringen, mit diesem Menschenschlag fertigzuwerden. Lassen Sie sich von solchen Leuten nicht beeinflussen. Gehen Sie Ihren Weg – klettern Sie auf Ihren Berg!
Das Herz eines Bergsteigers wird von einem Aufruf in Bewegung gesetzt. Der Bergsteiger wird zur Suche einer grossen Aufgabe getrieben. Er wird von einem Gewissen gelenkt, diesem Aufruf zu folgen. Und er wird vom Mut zu klettern erfasst, selbst wenn er dabei zugrunde gehen sollte. Gott kann aus Ihnen einen Bergsteiger machen. Schauen Sie sich um. Sie sind von Menschen umgeben, die negativ denken. Es fehlt ihnen an Lebensfreude und Lebensmut. Sie besitzen etwas, das sie brauchen. Wenn Sie erfah-

ren wollen, was für ein Mensch ein Bergsteiger ist, so denken Sie an Jesus Christus. Er war der grösste Bergsteiger aller Zeiten. Er legte den ganzen Weg zum Kalvarienberg zurück. Von dort oben her erobert er seit zweitausend Jahren die Herzen der Menschen. Von seinem Berggipfel aus hat Jesus Christus mein Herz gewonnen.

Er hätte nicht auf jenen Berg steigen müssen, er hätte einhalten können, bevor er oben angelangt wäre. Im Garten Gethsemane betete er: «Mein Vater, alles ist dir möglich; lass diesen Kelch an mir vorübergehen; doch nicht, was ich will, sondern was du willst.» (Markus 14, 36)

Er hätte vor der Meute, die ihn dann gefangen nahm, fliehen können, aber er tat es nicht. Er wurde weder gemartert noch gepeinigt noch betrogen. Er gab sein Leben bereitwillig hin, denn dies gehörte zum Plan. Jesus wusste, was er tun musste, und mit Freude wandte er sich dem Kreuz zu!

Ein Ruf, eine grosse Aufgabe, ein Gewissen und Mut. Beginnen Sie zu klettern! In einer Welt, in der es so viele Probleme gibt, gibt es so viele Berge zu besteigen! Seien Sie Bergsteiger!

Kapitel 18

Wie man zu einem Gipfelerlebnis kommt

Wie können Sie in Ihrem Leben ein Gipfelerlebnis haben? Wie können Sie auf die Spitze eines Berges klettern?
«Wo keine Vision ist, gehen die Menschen zugrunde.»

I

Ein Gipfelerlebnis ist ein Erlebnis, das uns die Gewissheit verschafft, mehr zu sein, als wir zuvor dachten. Es ist ein positives Erlebnis, das uns in unserer Selbstbestätigung fördert und unsere Selbstachtung aufbaut! Ein Gipfelerlebnis ermöglicht uns zudem ein Aussichtserlebnis, ein Erlebnis, das unser Blickfeld vergrössert, ein Erlebnis, das uns zeigt, wozu wir fähig sind.
Wir brauchen einen Ausblick in die Zukunft, um eine Hoffnung für morgen zu haben. Wenn wir Möglichkeiten und Chancen sehen, werden wir von Kraft und Lebensfreude erfüllt. Solange wir keinen Ausblick in die Zukunft haben, ist es uns unmöglich, auf weitere Berggipfel zu steigen und etwas zu leisten und zu vollbringen. Das ist das Von-Gipfel-zu-Gipfel-Prinzip, und es beinhaltet die eigentliche Kraft und das eigentliche Wesen des Lebens.
Ein Mann, der in den Strassen New Yorks Luftballone verkaufte, verstand es, eine Menschenmenge anzuziehen, bevor er seine Ballone zum Verkauf anbot. Er nahm einen weissen Ballon, füllte ihn mit Helium und liess ihn in die Luft aufsteigen. Dann füllte er einen roten Ballon und liess ihn frei. Dann einen gelben. Als der rote, der gelbe und der weisse Ballon über ihm schwebten, versammelten sich die kleinen Kinder um ihn, um seine Ballone zu kaufen. Ein kleiner Negerjunge blickte die Ballone unschlüssig an und fragte schliesslich: «Wenn Sie nun einen schwarzen Ballon füllen, würde er auch fliegen?» Der Mann schaute ihn an und sagte:

«Aber natürlich, ein Ballon fliegt nicht wegen seiner Farbe, sondern wegen dessen, was drin ist.»
Ein Gipfelerlebnis stellt sich nicht wegen unserer Hautfarbe ein, es hängt auch nicht davon ab, ob wir eine Frau oder ein Mann sind. Auch unsere körperliche Beschaffenheit ist für ein Gipfelerlebnis nicht ausschlaggebend. Das, was in uns ist, bestimmt, ob wir in unserem Leben ein Gipfelerlebnis haben oder nicht. Ob wir auf den Gipfel eines Berges steigen können, hängt einzig und allein von unserer Haltung und Einstellung ab.
Es ist faszinierend, die Geschichten zu lesen, die man sich vom verstorbenen Zauberkünstler Houdini erzählt. Dieser grosse Zauberer war wahrscheinlich ein besserer Schlosser als Zauberer. Er hatte eine ständige Herausforderung: aus jedem verriegelten Kerker innerhalb von 60 Minuten ausbrechen zu können, unter der Bedingung, dass man ihn in gewöhnlichen Strassenkleidern hineingehen liess und ihm bei der Arbeit nicht zuschaute.
Eine der Geschichten handelt von einer kleinen Stadt auf den Britischen Inseln, wo man beschlossen hatte, den grossen Houdini herauszufordern und womöglich in Verlegenheit zu bringen. Diese Stadt hatte soeben ein ausbruchsicheres Gefängnis gebaut und nun Houdini eingeladen, um zu sehen, ob er daraus ausbrechen könnte.
Er nahm die Herausforderung an und konnte in seinem Strassenanzug in eine Zelle hineingehen. Einige sagten, sie hätten gesehen, dass der ortsansässige Schlosser das Zellenschloss auf seltsame Art und Weise geschlossen habe. Nun, die Gefängnistüre schloss sich, und die Zuschauer liessen Houdini mit seiner Aufgabe zurück. In seinem Gürtel hatte er eine lange, biegsame Stahlstange versteckt, mit der er jeweils die Schlösser knackte. Er arbeitete eine halbe Stunde lang. Er hielt sein Ohr an das Schloss. 45 Minuten gingen vorbei, schliesslich eine Stunde. Er war in Schweiss gebadet. Nach zwei Stunden war er erschöpft. Er lehnte sich an die Tür, die zu seinem Erstaunen aufging. Der ortsansässige Schlosser hatte sie nicht verschlossen! Damit hatte er den grossen Ausbrecherkünstler hereingelegt.

Die Tür war nur in Houdinis Vorstellung verschlossen!
Manche meinen, sie könnten nicht auf jenen Berg steigen. Der einzige Ort, wo dies unmöglich ist, ist unsere Gedankenwelt. Das ist der einzige verschlossene Ort!
Welche Eigenschaften ermöglichen es, Gipfelerlebnisse zu haben? Ich kann diese überaus wichtige Schlüsselfrage mit fünf Worten beantworten.
Um auf einen Berg zu steigen, brauchen Sie einen *Traum.* Dann müssen Sie Ihrem Traum *Glanz* verleihen. Dann brauchen Sie einen *Plan,* nach dem Sie Ihren Traum verwirklichen. Des weitern brauchen Sie für Ihren Traum eine *Stütze.* Und Sie brauchen *Menschen,* um aus dem Traum heraus auf die Bergspitze zu gelangen.
Zunächst brauchen Sie also einen *Traum.* Kein Mensch klettert auf einen Berg, wenn er nicht den innigen Wunsch hat, ihn zu bezwingen. Nichts ist gewaltiger als ein Traum, der Sie so sehr gefangen nimmt, bis Sie bereit sind, Ihr Leben dafür einzusetzen. Ich bin nicht Bergsteiger, aber ich erinnere mich an das Gespräch mit jenen Bergsteigern in Katmandu. Katmandu liegt am Fusse des Himalaja; so nah wie an diesem Ort war ich dem Mount Everest noch nie. Als ich durch das Flughafengebäude ging, hielt ich an, um mit einigen Leuten zu sprechen, die sich auf den Aufstieg auf den Mount Everest vorbereiteten. Man konnte in ihren Augen förmlich Feuer sehen! Es machte ihnen nichts aus, im Berg umzukommen. Sie hatten einen Traum, einen gewaltigen Traum. Am Anfang von Gipfelerlebnissen steht ein solcher Traum!
Als ich erkannte, was Gott durch die Kristallkathedrale tun könnte, war ich bereit, mein Leben um zwanzig Jahre zu verkürzen, falls dies für den Bau dieser Kathedrale zum Ruhme Gottes erforderlich sein würde. Niemand hat ein Gipfelerlebnis, wenn am Anfang nicht ein Traum steht, der den Träumer so sehr ergreift, dass der Traum mehr als das Leben bedeutet.
Was meine ich mit einem Traum? Ich verstehe darunter eine Vision, die von Gott selbst herkommt. Ich bin überzeugt, dass Gott für jedes Leben einen Plan bereithält, und er hat auch einen Plan für Sie.

«Denn ich weiss, was für Gedanken ich über euch hege, spricht der Herr: Gedanken zum Heil und nicht zum Unheil, euch eine Zukunft und Hoffnung zu gewähren.» (Jeremia 29, 11)

Sie baten nicht darum, geboren zu werden – Sie waren nicht Ihre eigene Idee. Kein Mensch hat je die Möglichkeit gehabt, zu entscheiden, ob er geboren werden will oder nicht. Sie waren Gottes Idee. Es ist daher sinnvoll, zu dem Gott zu gehen, der Sie als Menschen geschaffen hat. Fragen Sie ihn: «Mein Vater, was ist Dein Plan für mich? Was soll ich nach Deinem Willen mit meinem Leben machen?»

Es ist erstaunlich, wie viele Menschen versagen, weil sie den Schöpfer ignorieren und ihren eigenen Ideen nachträumen: Was möchte ich machen? Was wäre wohl am rentabelsten? Und dann treffen sie Entscheidungen und erwarten, dass sie von allen anderen unterstützt werden!

Wir haben alle schon Geschichten von Forschern gelesen, die mit Kamera und Tonbandgeräten zu Eingeborenen in unbekannte Gebiete zogen, wo ihnen ihre Einrichtungen und Geräte von den Ureinwohnern zerstört wurden. Diese fühlten sich durch die für sie ungewohnte Ausrüstung bedroht und bekamen Angst. Sie verstanden weder Sinn noch Zweck der Erfindung und ebensowenig des Erfinders.

Gott hat Sie geschaffen und Sie auf die Welt kommen lassen, weil er Sie dort, wo Sie sind, einsetzen will. Er ist der Erfinder, und er hat für jede seiner Erfindungen einen besonderen Zweck vorgesehen – für Sie und für mich. Er will mit Ihrem Leben etwas Schönes schaffen.

Beginnen Sie Ihren Traum, indem Sie Ihr Leben in den Dienst Gottes, Ihres Schöpfers, stellen.

II

Das zweite, das Sie brauchen, ist ein *Glanz* auf Ihrem Traum. Was verstehe ich darunter? Ich meine damit das Glitzern, das einen Traum zu einem Diamanten macht, eine Idee zu einem Edelstein! Das geschieht, wenn Sie den Traum annehmen und ihm eine besondere Güte verleihen – machen Sie es ein bisschen besser als alle anderen. Bei allem, was Sie tun, versuchen Sie, es besser als das letzte Mal zu machen. Konkurrieren Sie mit sich selbst. Und treten Sie dann den Wettkampf gegen die Experten an!

Ich sagte zu jemandem, der die Kristallkathedrale bewunderte, dass selten eine Idee geboren wird, die in sich die Möglichkeit des Aussergewöhnlichen trägt, und dass noch viel seltener eine solche Idee zu voller Blüte sich entwickelt, ohne dass man dem Druck der Mittelmässigkeit nachgibt. Philip Johnson, der Architekt der Kristallkathedrale, sagte mir den Lieblingsspruch eines seiner Partner, des verstorbenen Mies van der Rohe: «Gott ist im Detail.» In der Architektur und im Design bedeutet das sehr viel. Und es bedeutet sehr viel bei Träumen, die zum Glitzern Glanz benötigen. Machen Sie das Detail zum Aussergewöhnlichen!

Der Zwang zum Besonderen. Was heisst das? Ich weiss, was es für mich bedeutet. Ich glaube, dass der Traum von Gott kommt. Wir sind nicht die Inhaber unserer Träume; wir sind nur deren Steuermänner. Es liegt in unserer Verantwortung, diese Idee von Gott anzunehmen und sie voll zu verwirklichen, bis eine vollendete Leistung wieder dem Heiligen Gott übergeben werden kann, eine Leistung ohne Makel, ohne Fehl und Tadel. Das ist das Streben nach dem Besonderen. Wenn wir unserem Traum den Glanz des Besonderen verleihen, werden grosse Kräfte frei.

Jenseits des Besonderen ist die strahlende Qualität, die wir «geistiges Amt» nennen. Unsere Träume müssen notleidenden Menschen helfen. Ich halte häufig Vorlesungen an der University of California Graduate School of Business Management. Meine Seminare wurden von den mächtigsten Führungskräften einiger der grössten Unternehmungen an der Pazifischen Küste besucht. Ich stellte die Frage: «Woraus entstehen Ziele? Wie viele Unternehmensziele entstehen aus den persönlichen Bedürfnissen der Führungskraft, bei der die Entscheidungen liegen?»

Wir müssen achtgeben, dass Ziele nicht aus unbefriedigten persönlichen Bedürfnissen der mächtigsten Person in der Unternehmung heraus entstehen! Das kommt viel zu häufig vor. Jeder Mensch hat seine persönlichen Bedürfnisse. Es ist entscheidend, dass wir erkennen, dass wir diese Bedürfnisse haben, und verstehen, wie wir sie befriedigen können. Wir müssen darauf achten, dass die von uns gesetzten Unternehmensziele nicht aus unseren eigenen unbefriedigten Bedürfnissen heraus entstehen. Sonst befinden wir uns auf Kollisionskurs und enden im Misserfolg.

Dynamische Ziele müssen stets echten Bedürfnissen entspringen. Sie müssen notleidenden Menschen helfen. Das ist es, was uns vor dem Aufgeben bewahrt. Einige meiner Freunde haben in ihrem Betrieb an die tausend Angestellte auf der Salärliste. Sie sagten mir einst: «Wir sind jetzt so reich, dass wir uns zurückziehen und den Rest des Lebens angenehm verbringen könnten. Wir haben uns dies auch überlegt, aber wir können es nicht tun. Wir haben tausend Menschen, deren Arbeit von uns abhängt. Wenn wir aufgeben, sind sie arbeitslos.» Das ist ihr Beweggrund. Das ist der Glanz auf ihrem Traum.

Ich kenne ein Einkaufszentrum, das vom Tag der Eröffnung an mit Schwierigkeiten zu kämpfen hatte, und zwar aus einem einfachen Grund. Die entscheidenden Leute beabsichtigten, ein aufsehenerregendes Zentrum zu bauen, aber sie bauten es in einem Ort, wo es nicht gebraucht wurde. Man hatte sich nicht die Mühe genommen, einen Ort ausfindig zu machen, wo bei den Menschen ein Bedarf vorhanden ist. Und jetzt können die leitenden Herren nicht begreifen, weshalb die Unterstützung des Ortes ausbleibt!

Dasselbe geschah mit dem Überschallflugzeug Concorde. Ich habe einen Bekannten, der mit der Kontroverse um die Concorde zu tun hat. Er sagte mir, die Concorde sei deshalb ein Misserfolg und werde deshalb ein Misserfolg bleiben, weil die Hersteller in Frankreich und England nicht in der Lage seien, das Flugzeug den grössten Fluggesellschaften der Vereinigten Staaten zu verkaufen. Der Konflikt hat sich zugespitzt, und die Vereinigten Staaten

zeigen nach wie vor wenig Interesse an diesem Flugzeug. Ein Manager einer der Fluggesellschaften an der Westküste sagte: «Verargen Sie es uns bitte nicht, dass wir Ihr Flugzeug nicht kaufen. Sie haben uns nie gefragt, was für eine Art Flugzeug wir wollen. Wenn Sie uns gefragt hätten, hätten wir Ihnen entsprechende Hinweise gegeben. Zum Beispiel: Es muss 1400 Meilen pro Stunde fliegen, 200 zahlende Passagiere befördern und darf nicht mehr als soundsoviel Treibstoff verbrauchen. Doch Sie sassen in Ihren Bürotürmen in London und Paris und entwarfen ein Flugzeug, ohne die Ansicht der anderen grossen Fluggesellschaften zu kennen.»
Um Ihrem Traum Glanz zu geben, müssen Sie sich drei wichtige Fragen stellen: Wäre es für Gott etwas Grosses? Würde es notleidenden Menschen helfen? Wäre es für unser Land und unsere Gemeinschaft und unsere Welt etwas Grosses?
Wenn die Antwort Ja lautet, sind Sie auf dem Weg zu einem Gipfelerlebnis.

III

Haben Sie einen Traum . . . verleihen Sie diesem Traum Glanz . . . und entwickeln Sie einen Plan für seine Verwirklichung.
Meinen ersten Traum hatte ich als kleiner Junge. Ich begann mir zu überlegen, wie ich ihn verwirklichen könnte. Ich hatte den Traum, Pfarrer zu werden. Und dann musste ich mir den Plan zurechtlegen. Dies bedeutete acht Jahre Grundschule, vier Jahre Mittelschule, vier Jahre College und dann noch drei Jahre Theologiestudium. Das macht 19 Jahre Ausbildung. Diesen Beschluss fasste ich im Alter von fünf Jahren.
Wir können alles erreichen, wenn wir gewillt sind, den Preis dafür zu zahlen, darauf hinzuarbeiten und am Plan beharrlich festzuhalten. Der Plan: Wie lange dauert es? Was kostet es? Welche Mittel brauche ich? Welche Unterstützung benötige ich?

IV

Einen Traum, einen Glanz, einen Plan, und dann brauchen Sie eine *Stütze* für Ihren Traum! Eine Stütze, die verhindert, dass das Dach einstürzt und alles auseinanderfällt. Sie haben Ihren von Gott gegebenen *Traum.* Sie haben den göttlichen *Plan* zur Verwirklichung, Sie haben genügend Zeit und Mittel. Was Sie jetzt brauchen, ist die Stütze für den Traum. Diese Stütze ist die geistige Kraft, die Sie vom Aufgeben abhält, wenn negative Kräfte Sie heimsuchen.
Jedesmal, wenn Sie einen Traum haben, müssen Sie damit rechnen, dass negative Kräfte auftauchen, denn jedesmal, wenn Sie sich ein neues Ziel setzen, schaffen Sie einen neuen Konfliktherd. Das ist eine grundlegende Tatsache! Negative Kräfte werden zwangsläufig frei.
Sie müssen darauf vorbereitet sein. Wenn Sie eine Höhle graben, müssen Sie, sobald Sie den Eingang herrichten, einige Balken zum Abstützen anbringen, damit sie nicht einfällt. Je grösser Ihre Höhle wird, desto mehr Stützbalken müssen Sie anbringen.
Welches sind die Stützbalken, die Ihre Träume tragen? Ich sage Ihnen, was eine meiner Stützen ist: das, was ich das Zweiweg-Gebet nenne. Ich könnte unmöglich auch nur einen einzigen meiner Träume ohne Gott verwirklichen, denn er allein kann ihn zum Erfolg führen. Das bedeutet, dass Gott und ich miteinander auf gutem Fuss stehen müssen. Wir müssen jeden Augenblick miteinander sprechen.
Wie geht dieses Gebet? Ich stelle mir vor, zuoberst auf dem Kopf ein kleines Fenster zu haben. Sie kennen doch die Schiebedächer, die es für Automobile gibt? Ich stelle mir meinen Kopf mit einem solchen Schiebedach versehen vor. Das Dach ist zurückgeschoben und offen. Ich warte nun auf das Licht der Weisheit Gottes, bis es hereinstrahlt und meine Gedanken erleuchtet, mein Verhalten bestimmt und mich in meinen Gefühlen leitet. So verläuft das Leben in ständigem Gebet.

Sie haben einen Traum, und es gibt einen Glanz auf Ihrem Traum. Es besteht ein Plan, nach dem sich Ihr Traum verwirklicht. Sie unterlegen Ihrem Traum Stützbalken. Was benötigen Sie jetzt?

V

Jetzt brauchen Sie *Menschen,* um den Traum zu verwirklichen! Sie können Ihren Traum nicht allein in die Tat umsetzen. Kein Geschäftsmann hat je seinen Traum verwirklicht – sondern seine Kunden. Kein Politiker hat je seinen Traum verwirklicht – sondern ausschliesslich seine Wähler.

«Kein Mensch ist eine Insel» - kein Mensch steht allein da.

Ich werde nie die Zeit vergessen, als ich auf einem Schiff in die Südsee fuhr: Der Kapitän sagte, dass wir am nächsten Tag durch eine Meerenge fahren würden. Als man uns dann sagte, dass wir jetzt auf diese enge Durchfahrt zuführen, gingen alle Passagiere an Deck. Das Schiff brauchte 30 Fuss Tiefe, um nicht aufzulaufen. In den seichten Gewässern voller Korallenriffe, durch die wir hindurch mussten, gab es nur eine einzige Stelle, die mehr als 30 Fuss tief war. Dieser Durchgang war so schmal, dass er mir nicht einmal breit genug für unser Schiff schien. Ein solches Riesenschiff durch einen so engen Spalt hindurchzumanövrieren war ein überaus heikles Unterfangen.

Als wir auf die Stelle zukamen, drosselte der Kapitän die Geschwindigkeit. Weit vorne sahen wir ein kleines Motorboot auf uns zufahren; die weiss schäumenden Wellen, die es machte, weiteten sich dahinter zu einem breiten Kegel aus. In diesem Boot war ein besonderer Navigator aus Australien. Durch eine kleine Öffnung betrat er unser Schiff. Wir sahen, wie er hereinkam. Mit dem Aufzug kam er nach oben. Der Kapitän unseres Schiffes grüsste ihn und trat zur Seite. Dann nahm dieser erfahrene Navigator aus Australien das Steuer in die Hand. Er hatte sich darauf spezialisiert, Schiffe durch diesen Engpass hindurchzubringen. Das war Teamwork!

Wissen Sie, wer mein besonderer Navigator ist? Es ist Gott. Ich vergewissere mich, dass Gott am Steuerrad steht, und wenn ich durch Engpässe hindurch muss, weiss ich, dass ich sicher am Bestimmungsort ankomme.
Ich hatte einen Brief von einer 36jährigen Frau erhalten, die, seit sie zu gehen gelernt hatte, wahrscheinlich noch kein einziges Erfolgserlebnis gehabt hatte. Sie schrieb mir: «In ein paar Tagen werde ich 36 Jahre alt; die meisten dieser Jahre habe ich mit einem Hass Gott gegenüber verbracht, sofern es überhaupt einen gibt. Was führte ich doch für ein elendes Leben! Als Kind war ich todunglücklich, da mein Vater ein gewalttätiger Mensch war; er schlug meine Mutter und meine sechs Brüder. Auch als ich erwachsen war, war mein Leben voller Unruhe. Vor zwei Jahren unternahm ich vergeblich einen Selbstmordversuch. Nach dem misslungenen Versuch, mir das Leben zu nehmen, war ich am Rande eines Nervenzusammenbruchs. Es wurde mir bewusst, worauf ich zusteuerte. Ich konnte nicht mehr essen. Binnen dreier Wochen nahm ich über acht Kilo ab. Ich konnte nicht mehr schlafen, und so war ich eben auch sonntags früh wach, als die ‹Stunde der Kraft› gesendet wurde. Zunächst sah ich mir die Sendung einfach deshalb an, weil am Bildschirm nichts anderes gebracht wurde und ich etwas brauchte, um mich zu beschäftigen!
Dann aber im Lauf der Wochen sah ich mir die Sendung absichtlich an. An vielen Sonntagen weinte ich Ungläubige, weil ich Gottes Liebe und Vergebung entdeckte.
Eines Abends, als mir besonders elend zumute war, liess mich etwas in meinem Schlafzimmer buchstäblich auf die Knie fallen. Aus nackter Verzweiflung und aus der Gewissheit heraus, dass ich ohne Hilfe sterben würde, sprach ich zu Gott. Ich wusste nicht, wie ich zu ihm sprechen sollte. Ich war nicht einmal überzeugt, dass es ihn gibt. Mein Gebet war sehr kurz. Es war das Gebet einer 36jährigen Frau, die sich in ihrer Verzweiflung an niemand anders wenden konnte. Ich sagte Gott einfach, dass ich es allein nicht schaffen würde. Ich brauchte Hilfe. Und das Unfassbare ist, dass er mich hörte und zu mir kam. Ich weiss – und da gibt es keinen

Zweifel –, dass er in jener Nacht bei mir war. Etwas war geschehen!
Über Nacht gab es keine drastischen Veränderungen. Ich war mir damals nicht einmal bewusst, dass der Herr in mir zu wirken begonnen hatte.
Doch heute ist mein Leben derart verändert, dass ich kaum glauben kann, dass ich es bin! Ich stehe ehrfürchtig da. Jeden Morgen danke ich Gott beim Erwachen dafür, dass er mich einen weiteren Tag leben lässt, und klage nicht mehr, dass ich noch einen Tag am Leben bleiben muss. Ich bin heute so weit, dass ich Jesus mehr liebe, als es in Worten ausgedrückt werden kann. Ich habe mich sogar lieb bekommen!»
Ein Gipfelerlebnis mit 36 Jahren! Diese Frau hat auch einen Einblick – nur einen flüchtigen Blick – in die grossen Dinge bekommen, die Gott für sie bereithält!

Kapitel 19

Erstreben und erreichen

Möchten Sie Gipfelerlebnisse haben? Sie brauchen Gipfelerlebnisse! Ohne Gipfelerlebnisse keine Aussichtserlebnisse und kein Ausblick auf ein hoffnungserfülltes Morgen. Gipfelerlebnisse führen auf zwei Arten zu einem gesunden geistigen und gefühlsmässigen Leben:

1. Sie stärken sofort unser positives Eigenbild, erneuern unser Selbstwertgefühl und unsere Selbstachtung. Das ist das Hauptmerkmal eines gesunden Menschen.
2. Wie wir gesehen haben, führt das Gipfelerlebnis zu einem Aussichtserlebnis. Warum ist das derart wichtig? Weil die Menschen ohne Vision zugrunde gehen. Was ist denn eigentlich ein «Aussichtserlebnis»? Es ist die Begegnung mit der Hoffnung. Eine Flut positiver Erwartungen, ein Ausbruch echten Optimismus', ein innerer Strom positiver Gedanken, was die Zukunft angeht – das ist ein Aussichtserlebnis. Und all das steckt in einem Wort: Hoffnung. Ohne Hoffnung stellt sich zuerst Entmutigung ein. Wenn sie nicht beiseite geschafft wird, verstärkt sie sich, wird zur Depression, die – wenn nichts dagegen unternommen wird – sich zu dumpfer Verzweiflung ausweitet. Und der Lebenswille wird zum Todeswunsch! Das Von-Gipfel-zu-Gipfel-Prinzip berührt somit den eigentlichen Lebensnerv des Menschen!

Wie kann ich all das, was ich in diesem Buch gesagt habe, zusammenfassen? Wählen Sie den Erfolg. Erstreben Sie wichtige neue Ziele. Erfolgreiche Menschen überleben, weil sie sich anstrengen – sei es in der Ehe, im Geschäft, in der Religion, in der Arbeit an sich selbst, in der Erziehung, in der körperlichen Fitness und was immer es noch sei. Sie müssen etwas anstreben, um etwas zu erreichen.

Ich will das in diesen sechs Buchstaben zusammenfassen:

S-T-R-E-B-E-N.
S - Sachte beginnen
T - Träumen
R - Richtig planen
E - Etwas über die bisherigen Möglichkeiten hinausgehen
B - Beharrlich vorwärtsgehen
E - Energie, Kraft und Wille in den Traum investieren
N - Nach dem Sieg Ausschau halten

Beginnen Sie sachte. Machen Sie sich heute noch auf den Weg zu einem neuen Gipfel. «Ihr grösstes Problem, Dr. Schuller, wird Ihre Unbeweglichkeit sein», sagte mir vor zehn Jahren vorwurfsvoll Walt Frederick, ein Mitglied unserer Kirchgemeinde. Ich hatte damals fast 20 Kilo Übergewicht. Ich war völlig unsportlich. «Ich werde Sie auf Touren bringen», kündigte er mir an, «zuerst mit einem Geh-, dann mit einem Jogging- und schliesslich mit einem Lauftraining. Eine Woche später holte er mich in meinem Büro ab und begleitete mich auf einem Parcours von einer Meile – die letzten 20 Meter joggten wir! Wir begannen sachte. Eine Woche später war er wieder da. Wir legten denselben Weg zurück, wobei wir die Jogging-Strecke von 20 auf 30 Meter verlängerten. Jede Woche legten wir auf diese Weise eine grössere Distanz zurück. Als ich schliesslich um einen ganzen Häuserblock herum lief, hatte ich das Unmögliche geschafft! Es war ein Gipfelerlebnis! Und es verschaffte die Aussicht auf einen noch höheren Gipfel! Ich lief um zwei Blöcke herum! Dann um sechs! Dann um zehn! Dann eine Meile! Dann zwei Meilen! Dann drei Meilen, bis ich schliesslich so jeden Morgen acht Meilen zurücklegte! Machen Sie sich auf den Weg – beginnen Sie aber sachte. Heute, nach zehn Jahren, bin ich viele Kilos los und fühle mich besser als je zuvor im Leben!

Auf 435 Menschen gibt es in den USA heute einen Millionär. Beinahe jeder von ihnen hat klein begonnen – mit etwas Geld in der Lohntüte und etwas Erspartem. Das wenige wurde in ein kleines Haus investiert oder in ein kleines Geschäft oder in ein paar

Aktien oder in einige Mietwohnungen. Bald hatte sich das wenige verdoppelt: 5000 Dollar wurden zu 10 000 Dollar, diese dann zu 20 000. Bald waren es 100 000. Daraus wurde die Anzahlung an eine Investition, die 500 000 Dollar kostete. Diese Anschaffung wurde dann für 800 000 Dollar verkauft, und innerhalb von zehn, zwanzig Jahren gab es einen weiteren Millionär! Das geschieht eben jetzt, da Sie dieses Buch lesen! Das Von-Gipfel-zu-Gipfel-Prinzip funktioniert!

Als ich 1955 unsere Kirchgemeinde aufzubauen begann, machten sich zwei Männer, Rich De Vos und Jay Van Andel, daran, in Ada, Michigan, mit einem geschickten Marketingprogramm eine neue Verkaufsorganisation aufzuziehen. Alles, was sie hatten, war ein Pult – und eine Idee! Ihr Geschäft – die Amway Corporation – hat mittlerweile aus Polizisten, Lehrern und Pförtnern Dutzende von Millionären gemacht! Und Rich und Jay besitzen beide mehrere Millionen! Aber was noch viel wichtiger ist: Sie verwenden ihren Erfolg dazu, um Menschen, Familien, Gemeinschaften und Kirchgemeinden aufzubauen, und unternehmen gegen die Arbeitslosigkeit mehr als irgend jemand, den ich kenne!

George Johnson, ein junger Neger in Chicago, begann, indem er von Friseurgeschäft zu Friseurgeschäft zog und dort Waren verkaufte. Dann hatte er eine Glanzidee: Haarstrecker für Neger. Er machte einen Chemiker ausfindig, produzierte eine Mixtur und nannte diese Afro-Glanz! Sein heutiges Vermögen wird auf rund zehn Millionen Dollar geschätzt. Wie hat er das ohne gute Beziehungen geschafft? 1. Er begann *S*achte, 2. *T*räumte, 3. plante *R*ichtig, 4. ging *E*twas über seine bisherigen Möglichkeiten hinaus, 5. ging *B*eharrlich vorwärts, 6. investierte alles, was er hatte: *E*nergie, Kraft, Wille und Geld und 7. hielt *N*ach dem Sieg Ausschau, was ihm in düsteren Zeiten weiterhalf. Heute ist er Mitglied des Kirchenrates und Zeuge der Kraft des Von-Gipfel-zu-Gipfel-Prinzips.

Betrachten wir den Werdegang eines anderen Mitgliedes des Kirchenrates: John Crean. Mit 250 Dollar kaufte er etwas Holz und Gurte. Daraus fertigte er Rolläden für Wohnwagen an. Er verkaufte diese an Wohnwagenhersteller, investierte den Erlös in grössere Mengen Holz und Gurten, fabrizierte mehr Rolläden, verkaufte immer mehr. Dabei arbeitete er immer in seiner Garage! Innerhalb eines Jahres waren aus den 250 Dollar 10 000 Dollar geworden! Ein Gipfel war erreicht. Dann erblickte er einen neuen Gipfel! (Wie wäre es, mit den 10 000 Dollar selbst einen Wohnwagen zu bauen und diesen zu verkaufen?) Das machte er, und er hatte Erfolg! Das Von-Gipfel-zu-Gipfel-Prinzip funktionierte voll. Bald darauf mietete er eine grössere Werkstätte und «stellte ein paar Wohnwagen her»! Er produzierte und verkaufte. Er hatte sachte begonnen, geträumt, richtig geplant, war etwas über die bisherigen Möglichkeiten hinausgegangen, beharrlich vorwärtsgegangen, hatte Energie, Kraft und Wille in den Traum investiert und nach dem Sieg Ausschau gehalten. Er hatte den Sieg errungen und konnte dann noch grössere Ziele anstreben. Das ist die Geschichte des grössten Wohnwagenherstellers der Vereinigten Staaten, der Fleetwood Enterprises. Und trotz Benzinknappheit und Konjunkturschwankungen ist seine Unternehmung gesund; gemäss der Zeitschrift «Fortune» zählt sie zu den erfolgreichsten 500 amerikanischen Industriefirmen! John Crean ist der lebende Beweis für die Kraft des Von-Gipfel-zu-Gipfel-Prinzips.

Frau Dr. Judy Huntsinger ist einer der bekanntesten Psychologen der Vereinigten Staaten. Ursprünglich war sie eine gewöhnliche Hausfrau. Ehegattin. Mutter. Ihr Mann kam als Mitarbeiter zu mir. Er hatte jene dynamische Philosophie, die kraftvolle innere Einstellung und den schöpferischen Glauben, den man mit dem Begriff «positives Denken» zusammenfassen kann. Sie machte sich das, was wir lehrten, zu eigen. «Wenn das wahr ist, wenn ich das, was ich wirklich möchte, sein und tun könnte, dann möchte ich für mein Leben gern Psychologin sein und den Kindern in unseren Schulen helfen», dachte sie, als sie vom Von-Gipfel-zu-Gipfel-Prinzip hörte, und begann zu träumen.

Und das Ergebnis? Sie machte sich auf den Weg, drückte wieder die Schulbank, was natürlich Kraft und Nerven brauchte. Doch

wie sagten wir weiter oben: Es braucht Mut, um aus dem alten Trott herauszukommen.
Sie machte sich also auf den Weg, begann langsam, überlegte sich die Möglichkeiten, ging etwas über die ihr bekannten oder eingebildeten eigenen Grenzen hinaus und entdeckte, dass in ihr mehr steckte, als sie sich je gedacht hatte. Sie schaffte einen Gipfel, nach einem Jahr einen weiteren und ging weiter. Erklomm einen neuen Gipfel, hatte von dort aus einen weiteren Ausblick, ging weiter, investierte Geld und Energie, erkannte, wie bedeutsam ihr Leben nach dem Kampf sein würde, und hielt nach dem Sieg Ausschau, der sich irgendwie, irgendwann und irgendwo einmal einstellen musste. Und so geschah es auch! Sie schaffte ihren Doktor der Psychologie und hatte die Kraft des Von-Gipfel-zu-Gipfel-Prinzips unter Beweis gestellt!
Ich kenne viele Menschen – einige sind Freunde von mir –, die, was ihr persönliches Vermögen angeht, weit über eine Million Dollar besitzen; sie haben dieses Prinzip angewandt und es von nichts zu finanzieller Sicherheit und Unabhängigkeit gebracht, indem sie den sieben Stufen folgten: S-T-R-E-B-E-N. Ein Freund machte seinen Weg im Grundstück- und Immobilienhandel. Er verdiente sich ein bisschen Geld und sparte ein wenig. Er kaufte ein Haus mit 20% Anzahlung. Dann sparte er 10 000 Dollar zusammen, um ein Haus zu 50 000 Dollar zu kaufen, für das er 40 000 Dollar aufnehmen musste. Der Wert dieses Hauses stieg mehr an als die Inflationsrate. Nach drei Jahren verkaufte er es zu 65 000 Dollar. Nach Rückzahlung der Hypothek blieben ihm 25 000 Dollar. Das heisst, er hatte innerhalb von drei Jahren seine Investition mehr als verdoppelt. Mit diesen 25 000 Dollar konnte er die Anzahlung für ein Doppelhaus leisten, das 125 000 Dollar kostete. Wegen der Zinsen, die er für die Hypothek von 100 000 Dollar bezahlen musste, wegen der Gebühren und der Geldentwertung brauchte er keine Einkommenssteuer zu bezahlen. Er besserte die Liegenschaft eigenhändig aus und verkaufte sie nach vier Jahren für 220 000 Dollar. Mit dem Gewinn und zusätzlichem Bargeld leistete er die Anzahlung für ein Mehrfamilienhaus, das

eine Million Dollar kostete. Er verwaltete es gut und machte wertvermehrende Investitionen. Nach zwei Jahren verkaufte er es für 1300 000 Dollar. Sein Gewinn betrug netto 500 000 Dollar. Damit konnte er 25% an ein Motel anzahlen, das er zum Preise von zwei Millionen Dollar erwarb. Er konnte es zu einem günstigen Preis kaufen, da die Besitzer immer abwesend gewesen waren und Bedienung und Service im Motel dadurch schlecht geworden waren. Unter der neuen, dynamischen Leitung wurde innerhalb von vier Jahren ein so hoher Gewinn herausgewirtschaftet, dass man ihm für das Motel drei Millionen Dollar bot. Er konterte: «Tut mir leid, ich verkaufe es nur für vier Millionen!» Der Kaufinteressent bot 3 500 000 Dollar, und mein Freund nahm an. Damit hatte er ein Vermögen von zwei Millionen Dollar, alle Schulden waren bezahlt, mit Ausnahme der Kapitalgewinnsteuer. Er hat auf seine Weise die Kraft des Von-Gipfel-zu-Gipfel-Prinzips bewiesen!

Wo können Sie in zehn Jahren stehen? In fünfzehn Jahren? Oder in 25 Jahren? Wenn Sie es tatsächlich versuchen? Ja, STREBEN! Beginnen Sie sachte. Denken Sie Möglichkeiten aus. Brechen Sie auf, und gehen Sie einfach ein bisschen über die vermeintlichen Grenzen Ihrer Fähigkeiten hinaus. Investieren Sie alles, was Sie haben und sind, und hoffen Sie auf Ihr Ziel. Malen Sie sich den Erfolg und das Wachstum aus.

Kann man von einem Studenten, der wegen ungenügenden Notendurchschnitts das College verlassen muss, erwarten, dass er Erfolg hat? Kommt eine Lehrerin an den Punkt, wo sie einfach nicht mehr glaubt, dass es ein Schüler schafft? Wenn wir in unserem Hause einen jungen Delinquenten haben – müssen wir weiterhin überzeugt sein, dass er nie ein grossartiger Mensch wird?

Jerry Ross ist ein Freund von mir. Er wurde in Flint, Michigan, in traurigen Verhältnissen geboren. Seine Jugend verbrachte er in sich bekämpfenden Banden von Jugendlichen; noch heute trägt er Narben, die ihn an jene Zeit erinnern. Als jugendlicher Verbrecher flog er von der Mittelschule. Er lungerte in den Strassen

herum. Er war der einzige weisse Junge im ganzen Quartier. Mit achtzehn heiratete er. Seine Frau war schwanger, und er brauchte dringend Arbeit.
Schon bald tauchten Eheprobleme auf, und man verwies ihn an einen schwarzen Eheberater. Dieser testete ihn und erklärte: «Sie eignen sich entweder zum Verkäufer oder zum Mechaniker.» Er ging zu General Motors, wo er eine Mechanikerlehre machte. Mit Schmierfett an Fingern und Nägeln beschmutzt, beschloss er: «Es ist entsetzlich, sich seinen Lebensunterhalt so zu verdienen!» Als er durch das Areal ging, wo die Gebrauchtwagen abgestellt waren, traf er auf einen Interessenten, dem er einen Wagen verkaufen konnte. Dadurch fiel er einem Verkäufer auf. Nach einer Woche stand sein Entschluss fest: Er wollte sein Glück als Gebrauchtwagenverkäufer versuchen, was ihm auch blendend gelang. Er bekam einen Wochenlohn von 40 Dollar zugesichert. Er war begeistert, dass er mit dem Kopf und nicht mit den Händen arbeiten konnte. Eines Tages kam ein Kunde, der sich für Jerrys Gebrauchtwagen interessierte, die 75 Dollar kosteten. Es war ein Möbelhändler, der in seiner Werbung versprach, dem Käufer einer ganzen Raumausstattung einen Wagen zu schenken. Die Wagen, die er verschenkte, waren natürlich Gebrauchtwagen, nämlich die 75-Dollar-Wagen, die er dem Teenager-Gebrauchtwagenverkäufer Jerry Ross abkaufte.
«Er konnte mich gut leiden», erzählte Jerry Ross jeweils, «und fragte mich: ‹Warum arbeitest du nicht für mich?› Es macht mehr Spass, Möbel als Autos zu verkaufen.» Nach zwei Wochen war Jerry Ross von den fünf oder sechs Verkäufern der Möbelhandlung der erfolgreichste und verdiente 125 Dollar pro Woche. Die Woche darauf verdiente er 175 Dollar. Um ihn zu motivieren, sicherte ihm der Besitzer des Möbelgeschäftes eine Provision zu. Am Ende des ersten Jahres hatte er 28 000 Dollar verdient. 1959 war das eine ganze Menge Geld. Jerry war damals erst 19 Jahre alt. Im folgenden Jahr beförderte ihn der Besitzer zum Leiter von drei seiner Möbelgeschäfte. Als Jerry 22 Jahre alt war, übertrug er ihm die Aufgabe, Möbel von den Herstellern und Verteilern einzukau-

fen, Verkäufer einzustellen und in den Zeitungen Inserate zu plazieren. In diesem Jahr betrug sein Verdienst 42 000 Dollar; den Hauptanteil machten die Provisionen aufgrund von Verkaufsvorgaben aus, die der Besitzer, der dachte, Jerry würde sie nie erreichen, lächerlich hoch ansetzte. Doch Jerry erreichte diese völlig übertriebenen Vorgaben, indem er wieder auf die Strasse ging und seine alten Kollegen, lauter ausgeflippte Bandenmitglieder, anstellte. Der eine war Klempner, ein anderer arbeitete als Tankwart. Einige waren arbeitslos. Es waren Schwarze und Weisse darunter, sie hatten verschiedene Nationalitäten und gehörten unterschiedlichen Konfessionen an.

Jerry berichtete mir: «Nur um Ihnen zu zeigen, mit welchen Freunden ich aufwuchs: Elf von ihnen sind tot, fünf wurden ermordet, und vier büssen eine lebenslängliche Zuchthausstrafe ab.» Nach vier weiteren Jahren stellte der Möbelhändler Jerry eine Riesenprovision in Aussicht, sofern er eine absolut unrealistische Umsatzzahl erreichen würde. Jedermann, Jerry eingeschlossen, war verblüfft, als er sie erreichte. Der Möbelhändler weigerte sich allerdings, die Provision zu zahlen, worauf Jerry kündigte.

Drei Wochen später – er war mittlerweile 24 – lieh sich Jerry von seinem Vater (der dazu auf sein Häuschen eine Hypothek aufnehmen musste) 10 000 Dollar aus. Damit mietete er ein leerstehendes, 2000 Quadratmeter grosses Ladengeschäft. Er malte das Haus neu, renovierte es und sprach dann bei den Möbelgrossisten, die ihn gut kannten, vor. Diese erklärten sich bereit, sein leeres Geschäft mit ihrer Ware zu füllen, sofern Jerry versprach, in einem Monat genügend Teppiche und Möbel bar zu verkaufen, um alle die Lieferungen zu bezahlen! Im ersten Monat verkaufte er für 200 000 Dollar, wovon allein Teppiche im Wert von 100 000 Dollar. Am Monatsende hatte er 50 000 Dollar Reingewinn gemacht! Am Jahresende hatte er für 3 Millionen Dollar verkauft und dabei einen Reingewinn von einer halben Million herausgewirtschaftet! In den folgenden eineinhalb Jahren eröffnete er in ganz Michigan zwanzig Möbelgeschäfte: «Worldwide Home Furnishings, Inc.».

Wie hat er das geschafft? Er hat einfach das Von-Gipfel-zu-Gipfel-Prinzip befolgt. Er ging zu seinen Geldgebern und sagte: «Ich will in Kalamazoo (Michigan) oder sonstwo ein neues Geschäft eröffnen. Ich garantiere, dass ich damit mindestens 100 000 Dollar pro Jahr heraushole. Die Eröffnung kostet mich 51 000 Dollar. Ich gebe Ihnen 49% des Gewinns des ersten Jahres, wenn Sie mir einen Startkredit von 25 000 Dollar geben. Jedesmal hat noch jeder Geldgeber am Jahresende von mir über 50 000 Dollar für seine Investition von 25 000 Dollar erhalten», berichtet Jerry voller Stolz.

Bis 1968 – er war damals 28 Jahre alt – hatte Jerry Ross ein Vermögen von sieben Millionen Dollar beisammen, die er in Gebäude investierte, welche er an Unternehmungen vermietete. Mit 38 Jahren zog er sich zurück – mit zwei Millionen Barvermögen auf der Bank und zwölf Millionen Dollar, die in guten Liegenschaften investiert waren.

Gibt es hoffnungslose Menschen? Es gibt keine hoffnungslosen Fälle! Heute ist Jerry stolzer Vater von neun Kindern und drei Grosskindern.

«Als ich noch jung war», sagte Jerry, «fragte ich einen sehr reichen Mann, den ich im Möbelgeschäft traf: ‹Wie wird man reich?› Und er sagte mir: ‹Jerry, engagiere dich! Dann kommt die Sache in Fluss.› Weiter erklärte er mir: ‹Ich habe in der Stadt an den Strassenecken viele Tankstellen gekauft. Sie liefen sehr schlecht, aber ich war Besitzer von Grundstücken an Strassenecken. Und diese Grundstücke haben sich als sehr gewinnträchtig erwiesen. Das Geheimnis besteht darin, sich zu engagieren.› Bauen Sie sich eine solide Grundlage, und bauen Sie ständig aus!» Das ist die Kraft des Von-Gipfel-zu-Gipfel-Prinzips!

Kapitel 20

Mit positivem Denken zum Erfolg

Das Schlüsselwort heisst Management. Misserfolg ist nie die Folge von Geld- oder Zeitmangel, von fehlender Energie, Gelegenheit, fehlendem Talent, fehlender Übung oder nicht vorhandenen Beziehungen. Misserfolg ist auch nie die Folge von Problemen, Risiken, Enttäuschungen oder schwierigen Menschen. Und genauso ist der Supererfolgreiche, der Mann, der zuoberst auf der Leiter steht, nicht deshalb auf dem Gipfel des Erfolgs, weil er etwas hat oder hatte, sondern weil er etwas ist. Er ist ein geschickter Manager.

Gewisse Konzernbosse, die über ein während langer Zeit aufgebautes Reich herrschten, haben mit eigenen Augen zusehen müssen, wie ihr Reichtum wegschmolz, weil es ihnen an den richtigen Management-Fähigkeiten fehlte. Sie sahen, wie sie ein risikoscheuer Bequemling einholte und auf dem Markt verdrängte.

Ein von Haus aus reicher junger Mann kann das geerbte Vermögen verlieren, weil er schlecht damit umgeht, wogegen ein mittelloser armer Kerl, ungebildet und unterdrückt, sich plötzlich aufmacht, sich seine erste Million erarbeitet und zu noch grösseren Erfolgen schreitet.

Entscheidend ist nicht das, was wir haben, sondern was wir sind. Sind Sie ein geschickter Manager? Management heisst die Mittel so einsetzen, dass vorbestimmte Ziele optimal erreicht werden. Testen wir einmal Ihre Management-Fähigkeiten. Wenn Sie Erfolg haben wollen, müssen Sie Ihre brachliegende Fähigkeit als Manager auf verschiedenen Gebieten entwickeln.

Ich halte an Universitäten, Tagungen und Seminaren Vorträge und stelle immer wieder fest, dass die meisten Management-Fachleute sich nur um eng begrenzte Bereiche kümmern: Geld, Personal, Zeit. Ich will Ihnen das ganze Gebiet aufzeigen, auf das

Management-Fähigkeiten verwandt werden müssen. Darauf kommt es nämlich an. Denn wer als Manager im Bereich der Finanzen Erfolg hat und als «Manager» seines Gefühlslebens scheitert, dürfte zum alkohol- oder drogensüchtigen Multimillionär oder sogar zum Selbstmordkandidaten werden.
Seien Sie jetzt bereit, ein verantwortungsbewusster Mensch zu werden und sich den Ruf eines klugen Managers in den folgenden Schlüsselbereichen zu schaffen:

Ideen

Positiv denkende Menschen haben Erfolg, weil sie mit Ideen umgehen können. Sie gestalten sie in ihrem Kopf sorgfältig aus. Sie lassen sich ihre Ideen rational, verstandesmässig und planend durch den Kopf gehen, bis sie sicher sind, dass es tatsächlich Ideen und nicht bloss Gefühle sind. Dabei entdecken sie recht häufig, dass es sich um Gefühle handelt, die tatsächlich zu echten Ideen oder Grundsätzen werden können, die zuvor nur diffuse, unartikulierte Vorstellungen waren.

1. Entwerfen Sie Ihre Idee.
Vielfach rufen mich Leute ganz begeistert und in euphorischer Stimmung an: «Ich muss unbedingt mit Ihnen sprechen, ich habe eine tolle Idee!» Meine Antwort darauf ist immer die gleiche: «Schreiben Sie mir, und legen Sie Ihre Idee auf einer Seite dar.» Das zwingt sie, ihren Traum, ihren Wunsch, ihre Absicht oder ihre Vorstellungen zu Papier zu bringen.

2. Bewerten Sie Ihre Idee.
Gut managen heisst nicht verschwenden. Wenn wir mit Ideen richtig umgehen wollen, dürfen wir sie auf keinen Fall verschwenden und verwerfen, nur weil sie «unmöglich zu realisieren» sind. Wenn man eine gute Idee hat, besteht deshalb der erste Schritt darin, sie zu bewerten. Geben Sie eine gute Idee nie auf. Geben

Sie ihr die Chance, geboren zu werden. Bewerten Sie sie, ehe Sie dafür Zeit, Geld und Kraft verschwenden: Prüfen Sie sie, um herauszufinden, ob sie den Einsatz wert ist oder nicht. Beim Umgang mit Ideen besteht die Phase der Bewertung darin, Fragen zu stellen. Überprüfen Sie den möglichen Erfolg einer Idee, indem Sie die richtigen Fragen stellen. Wir behandeln diesen Punkt im Abschnitt über die Entscheidungstechnik noch eingehender. Wenn Ihre Idee diese Probe bestanden hat, engagieren Sie sich für sie. Sie dürfen Ihre Idee nicht verlorengehen lassen. Es ist furchtbar, wenn eine grossartige Idee stirbt.

3. Bauen Sie die Idee an.

Bis anhin haben Sie Ihre Idee entworfen und bewertet. Jetzt müssen Sie sie «anbauen». Sie «säen» Ihre Idee also an. Investieren Sie gedankliches Saatgut, wobei eine Missernte durchaus noch im Bereiche des Möglichen liegt. Säen Sie die Idee aus, machen Sie den Versuch, halten Sie sie von Unkraut frei, giessen Sie sie, düngen Sie sie und ziehen Sie sie auf.

Es gibt zwei Arten von Bauern in dieser Welt: Besitzer und Pächter. Sie können Ihre Idee zum Wachsen bringen, indem Sie sie jemandem verpachten, der das nötige Interesse, die erforderliche Zeit, das entsprechende Geld und die Fähigkeit hat, sie zu entwickeln. In diesem Falle beziehen Sie von Ihrem Pächter einen Zins in Form einer Lizenzgebühr, Patentabgabe, Tantieme oder Gewinnbeteiligung.

Sie können Ihre Idee auch zum Wachsen bringen, indem Sie sie direkt verkaufen. Vielleicht wollen Sie aber Ihren eigenen Boden bearbeiten, das Gedeihen der Idee selber überwachen und sie selber hochziehen.

Welchen Weg Sie auch immer wählen, Sie verhindern damit, dass der mögliche Gewinn, der in der Idee steckt, auf dem Abfallhaufen grosser Ideen landet. Sie allein haben es in der Hand, die chancenreiche Idee vor dem Untergang zu bewahren. Sie dürfen nicht den Fehler machen, alte Dinge als vermeintlichen Abfall wegzuwerfen, wenn diese den Wert von Antiquitäten bekommen haben. Sie müssen die Idee durch alle Unbilden hindurch pflegen, verhindern, dass sie vertrocknet oder ertrinkt, Sommer und Winter ... bis Sie für Ihre Mühe und Anstrengungen reich belohnt werden. Sie haben also Ihre Idee entworfen, bewertet, angebaut, und jetzt:

4. Rahmen Sie Ihre Idee ein.
Jawohl, Sie erhalten eine Auszeichnung. Hängen Sie sie stolz an der Wand auf. Zeigen Sie die erhaltene Anerkennungsurkunde ohne falsche Scham. Gehen Sie mit ihr nicht gedankenlos um, wie wenn sie irgendein nutzloses Dokument wäre, das man zum Altpapier legt. Rahmen Sie sie ein, damit Sie sie aufbewahren können und damit sie Sie zu Visionen noch grösserer Herausforderungen inspiriert, die darauf warten, zu noch grösseren Errungenschaften gemacht zu werden. Machen Sie sich das Von-Gipfel-zu-Gipfel-Prinzip voll zunutze, indem Sie mit Ihren Ideen geschickt und umsichtig umgehen.

Geld

Es ist interessant festzustellen, dass Leute, die mit Ideen gut umgehen können, selten über längere Zeit Geldsorgen haben. Sie haben etwas unwahrscheinlich Wichtiges gelernt: Kein Mensch, keine Institution, kein Land, keine Unternehmung hat Geldsorgen. Es sind stets Ideensorgen. In der Zeit grösster Geldentwertung war das winzig kleine Singapur mit seinem wachsenden Wohlstand bei tiefster Inflationsrate (nur 3,6 Prozent) allen anderen Nationen voraus. Es hat in jenem Zeitabschnitt einfach ein paar bessere Ideen gehegt und gepflegt als die Vereinigten Staaten, die als reichstes Land ihren Dollar auf Talfahrt gehen sahen. Mit Geld umgehen können heisst nichts anderes als mit Ideen umgehen können. Das Geld kommt nur dorthin, wo dynamische, positive Ideen sind.
Wie kommen Sie zu den Ideen, dank denen Sie mit dem Geld

erfolgreich umgehen können? Machen Sie sich das Hauptanliegen dieses Buches zu eigen: das Von-Gipfel-zu-Gipfel-Prinzip.

Gelegenheiten

Positiv denkende Menschen sind erfolgreich, weil sie mit Ideen klug umgehen; sie lassen sich von Geldsorgen nicht beirren. Des weitern nehmen sie Gelegenheiten nutzbringend und schöpferisch wahr. Sie sehen Möglichkeiten, wo andere Menschen keine erkennen. Wie machen sie das? Sie haben sich angewöhnt, Bedürfnisse zu suchen, weil sie wissen, dass jedes Bedürfnis eine Gelegenheit ist, die darauf wartet, beim Schopfe gepackt zu werden. Selbst wenn sie keine Zeit haben, zuviel auf dem Buckel haben oder grosse finanzielle Verpflichtungen eingegangen sind, lassen sie sich keine Gelegenheit entgehen. Sie ergreifen sie, indem sie sie mit Beschlag belegen. Sie umzingeln sie, um sie später ergreifen zu können. Sie belegen sie mit ihrer Option und schaffen sich später die nötige Zeit, um die Probleme zu lösen, jene Zeit, die ihnen im Augenblick fehlt, um von der Gelegenheit zu profitieren.
Was tun, wenn die Gelegenheit nicht auf sich warten lässt? In diesem Falle setzen sie eine Fähigkeit ein, die ebenfalls zu gutem Management gehört: den Umgang mit der Zeit.

Zeit

Positiv denkende Menschen sind auch deshalb erfolgreich, weil sie mit der Zeit gut umgehen können. Ihr Geheimnis: 1. analysieren, 2. Prioritäten setzen, 3. einteilen, 4. organisieren, 5. kontrollieren.

1. Analysieren Sie Ihren Zeitverbrauch. Ist dieser Zeitverbrauch wirklich notwendig? (Ich weigere mich, etwas zu machen, wenn

ich es an jemanden delegieren kann.) Kann ich das, was ich mache, schneller machen und die Arbeit dabei ebensogut oder sogar noch besser erledigen? (Ich reise nie irgendwohin, wenn ich eine Sache ebensogut mit einem Telefonanruf erledigen kann.) Kann das noch warten? Wie lange? Entstehen durch die Verzögerung Mehrkosten?

2. Setzen Sie Prioritäten. Überlegen Sie sich genau, wofür Sie Ihre Zeit einsetzen. Je erfahrener Sie sind, desto mehr sollte Ihnen Ihre Zeit wert sein. Sie kommen auf bessere Ideen. Sie erkennen grössere Chancen. Was gestern wichtig war, muss heute unter Umständen unbeachtet bleiben. Seien Sie mutig. Es braucht Mut, aus den alten Geleisen herauszukommen. Jeder Mensch, jede Unternehmung und jede Institution muss ständig neue Prioritäten setzen. Aber wie? Stellen Sie sich die folgenden grundsätzlichen Fragen: a) Was will ich erreichen? b) Wenn ich auf diesem Wege weitergehe, erreiche ich dann mein Ziel? c) Wenn ich das Ziel erreicht habe, bin ich dann zufrieden und stolz auf mich?

3. Teilen Sie sich Ihre Zeit ein, nachdem Sie die Prioritäten neu gesetzt haben. Ein Beispiel: Meine Ehe hat seit dreissig Jahren höchste Priorität. Entsprechend teile ich mir meine Zeit ein. Den Montagabend halte ich in meiner Agenda konsequent als «Rendez-vous-Abend» für meine Frau und mich frei. Kein Wunder, dass unsere Ehe dermassen gut ist und immer noch besser und beglückender wird. Warum? Weil wir auf das Funktionieren des Von-Gipfel-zu-Gipfel-Prinzips achten. Beim Einteilen Ihrer Zeit fragen Sie sich: Bringt mich dies meinem Ziel näher?
Eines meiner persönlichen Ziele ist die körperliche Fitness. In meiner Agenda halte ich mir entsprechende Zeit dafür frei. Ein anderes Ziel ist die geistige Beweglichkeit. Deshalb halte ich in meiner Agenda jede Woche die Zeit für den Besuch eines inspirierenden Gottesdienstes in einer Kirche meiner Wahl frei. Ein weiteres Ziel: immer auf der Höhe sein und nie «ausbrennen». Dazu halte ich mir regelmässig Zeit frei, um auszuruhen, allein zu sein

und zu regenerieren. Sich die Zeit einteilen ist kein Problem, sofern wir unsere «Hausaufgaben» gemacht haben, d.h. die Prioritäten gesetzt haben.

4. Organisieren Sie. Planen Sie Ihre Zeit und halten Sie sich an den Plan. Sie kennen jetzt das Geheimnis, wie man mit der Zeit richtig umgeht. Das Ergebnis: Sie werden mehr wichtige Dinge erledigen können. Sie kommen auf einem weiteren Gipfel an und erhalten von hier aus einen weiteren Ausblick auf die wirklichen Möglichkeiten des Lebens. Sie befolgen konsequent das Von-Gipfel-zu-Gipfel-Prinzip.
Und noch etwas Wunderbares geschieht: Wenn Sie gelernt haben, mit Ihrer Zeit besser umzugehen, werden Sie feststellen, dass Sie auch mit den Menschen besser umgehen können.

5. Kontrollieren Sie. Überprüfen Sie jetzt, wie Sie Ihre Zeit eingesetzt haben. Geben Sie die Führung nie aus der Hand. Halten Sie das Steuer fest. Lassen Sie es nicht zu, dass Ihr Plan von irgend jemandem oder durch irgend etwas zunichte gemacht wird. Wie? Ganz einfach. Machen Sie einen Jahresplan. Tragen Sie dort ein, wann Sie Ihre Zeit verwenden, um Ihre Ziele zu erreichen. Und wenn Sie dann von jemandem gestört werden, schauen Sie auf Ihre Prioritäten, um zu entscheiden, ob Sie auf den ungeladenen Störenfried und die unwillkommene Unterbrechung eingehen können oder freundlich, aber bestimmt abweisen müssen.
«Tut mir leid, ich bin an jenem Abend schon besetzt» oder «Leider bin ich schon ausgebucht». So einfach ist das. Denken Sie daran: Management heisst soviel wie Kontrolle.
Eine meiner Bekannten hat herausgefunden, dass sie monatlich zwei Abende für sich allein braucht, um nachzudenken und laufende Projekte aufzuarbeiten. In ihrer mit Terminen reichlich gefüllten Agenda hält sie sich daher jeden Monat zwei Abende frei, indem sie dort mit grossen Lettern das Wort BESETZT hinschreibt. Wenn sie unvorhergesehene Einladungen erhält (denen Folge zu leisten sie in den meisten Fällen versucht ist), so muss sie

sich zu einer Zusage weder drängen noch zwingen lassen. Sie sagt einfach: «Ich will eben mal in meiner Agenda nachsehen. Oh, es tut mir leid (es tut ihr beinahe immer aufrichtig leid), an jenem Abend bin ich bereits besetzt.»

Menschen

Positiv denkende Menschen sind erfolgreich, weil sie gelernt haben, mit Menschen umzugehen, die ihnen beim Erreichen ihrer Ziele behilflich sind. Ideensorgen? Sie suchen kreative Menschen, die dabei helfen, erfolgversprechende Ideen auszubrüten.

Das ist der Grund, weshalb ich Berater angestellt habe und weiterhin anstelle.

Geldsorgen? Stellen Sie einen Fachmann an, der Ihnen eine glänzende Idee gibt, wie man mit Geld umgeht.

Zeitsorgen? Irgend jemand kann mir immer viele zeitraubende, unproduktive Tätigkeiten abnehmen. Ein anderer wiederum kann mir helfen, meine Zeit zu organisieren. Und ein anderer schliesslich verschafft mir das, was ich wirklich brauche: eine Beziehung, die ich belohnen kann, indem ich ihn an den Früchten meines Erfolgs teilhaben lasse. Auf diese Art bin ich jeweils nicht allein, wenn ich etwas erreicht habe.

Sie werden erkennen, dass der Umgang mit Menschen so wichtig wie der Umgang mit der Zeit oder dem Geld ist, wenn nicht sogar noch wichtiger. Wir kennen alle Menschen, die viel Geld zusammenverdient haben, jedoch kläglich gescheitert sind, was die zwischenmenschlichen Beziehungen angeht.

Wie gehen wir mit Menschen erfolgreich um? Die Antwort besteht aus vier Worten, die zeitlose Wegweiser sind: 1. Freundlichkeit, 2. Fairness, 3. Offenheit und 4. Standfestigkeit.

Wir sehen immer wieder, dass geschickte Manager wissen, wie man mit Menschen umgeht, die ihrerseits ihnen helfen, ihre vererbten und erworbenden Talente richtig einzusetzen.

Talent und Ausbildung

Haben die Supererfolgreichen also überragendes Talent? Nicht unbedingt. Positiv denkende Menschen haben vielmehr gelernt, aus den erworbenen Talenten und der genossenen Ausbildung geschickt und schöpferisch etwas zu machen. Die Ufer der Welt sind leider mit verschleuderten und schlecht gehegten Talenten verschmutzt.

Was ist Talent letztlich? Nichts anderes als Hingabe, Entschlossenheit, Elan, Ehrgeiz. «Das wirkliche Talent ist der Wille zu siegen», sagte mir einst ein Baseball-Coach.

Ich sah einem jungen Mädchen namens Carol Schuller zu, wie es vor dem Heimpokal stand. Vor zwei Jahren war es beinahe getötet worden; heute trägt es das Trikot einer Softball-Mannschaft. «Wie willst du Ball spielen, wenn du nicht laufen kannst?» hatte ich sie gefragt. Mit blitzenden Augen hatte sie mich angesehen: «Wer den Ball anschlägt, muss nicht laufen können.»

Wenn man ihr zuschaut, wie sie mit dem Schlagholz dasteht, mutet sie einen wie ein energiegeladener kleiner Vulkan an, der darauf wartet, auszubrechen. Das ist meine Tochter. Ihr Talent? Ihr Wille, ans Ziel zu kommen.

Wie gut gehen Sie mit Ihrem Talent und Ihrem Wissen um? Können Sie einen Rat annehmen? Konstruktive Kritik akzeptieren? Sind sie bereit, unablässig Neues zu lernen? Sind Sie für grosse Ideen empfänglich? Sind Sie für begeisternde und motivierende Kräfte und Menschen offen?

Hierin liegt das wirkliche Geheimnis des Umgangs mit seinem eigenen Talent. Seien Sie erfolgsorientiert und nicht auf Eigennutz konzentriert. «Ich will nicht meinen eigenen Weg gehen, ich will einfach Erfolg haben», sagte ich, als ich bei einem Projekt in aller Öffentlichkeit die Marschrichtung änderte, «ich will lieber recht haben und erfolgreich sein, als unrecht haben und meinen eigenen Weg gehen.»

Energie

Menschen, die mit ihrem Talent geschickt umgehen, erkennen, wie ihr Erfolg Begeisterung auslöst. Diese Begeisterung wiederum macht unvorstellbare Energien frei. Dynamische Erfolgsmenschen scheinen einen ständigen gewaltigen Energiezuwachs zu haben.
Haben die Menschen, die oben auf der Leiter stehen, mehr Energie als andere? Liegt auf den Verlierern der Fluch der geerbten Ermüdung? Wissen die Gewinner, wie sie mit ihrer Energie umgehen müssen? Natürlich, das ist es: sie verschleissen ihre Energien nicht. (Denken Sie bitte daran: Management heisst Kontrolle. Kontrolle heisst Verschleiss vermeiden.) Wie machen wir das?

1. Indem wir nicht negativ denken. Nichts führt so sehr zu Ermüdung wie Entmutigung, Enttäuschung, Eifersucht, Angst, Beklemmung, Minderwertigkeitsgefühle oder der Gedanke des Misserfolgs.

2. Indem wir darauf achten, uns nicht negativ zu «programmieren». Ich suche mir die zu lesenden Bücher, die zu betrachtenden Fernsehprogramme und die Menschen, die ich in den engen Kreis meiner Zuneigung einlasse, sorgfältig aus.

3. Schliessen Sie sich Menschen an und machen Sie bei Projekten mit, die Kraft und Energie ausströmen. Es gibt positive Menschen, in deren Gesellschaft man sich gross fühlt. Sie füllen unseren Geist und unser Denken mit positiven Ideen. In der geistigen Ambiance, die solche Menschen schaffen, ergeben sich gewaltige Möglichkeiten.

Nachdem Sie mit Ideen, Talent, Zeit, Gelegenheiten, Geld und Menschen umgehen können, müssen Sie jetzt lernen, mit Ihrer Energie umzugehen. Ernähren Sie sich richtig, schlafen Sie ge-

nügend, denken Sie richtig, trainieren Sie richtig, beten Sie richtig, lesen Sie das Richtige und pflegen Sie den richtigen Umgang. Sie werden über die unerschöpflich scheinende Energie staunen.
Sie werden genügend Energie und Kraft haben, um den Berggipfel zu erklimmen. Sie werden es schaffen, und von diesem hohen Punkte aus, der Ihnen einen Blick auf die unentdeckten Möglichkeiten verschafft, werden Sie das gewaltige Von-Gipfel-zu-Gipfel-Prinzip anwenden.

Risiko-Management

Jetzt erkennen Sie, wie positiv denkende Menschen das Unmögliche möglich machen. Sie haben Ideen, Gelegenheiten, Geld, Zeit, Menschen, Talent, Wissen und Kraft - was brauchen Sie noch?
Sie brauchen die Fähigkeit, risikoreiche Abenteuer zu unternehmen. Es gibt keinen Erfolg ohne diese Fähigkeit. Wesentlich ist es, das Geheimnis zu kennen, dass ohne Risiko der Tod gewiss ist. Wenn der Bauer nicht das Risiko eingeht, die Saat zu verlieren, wächst auf seinen Feldern kein Korn. Die Menschheit ginge einem massenweisen Hungertod entgegen.
Eine der teuflischsten negativen Denkweisen unserer Zeit ist die in unserer Gesellschaft grassierende Mentalität des «Risiko-Ausschaltens». Positiv denkende Menschen lernen diese Lektion sehr rasch. Selbst mit der besten Idee stimmt etwas nicht. Es gibt kein Projekt, dem nicht die Möglichkeit des Scheiterns oder des Risikos innewohnt.
In der Theologie gibt es eine grundlegende Erkenntnis: Wenn Gott uns dorthin bringt, wo er uns haben will, vermögen wir das, was wir tun müssen, nicht zu tun, ohne Risiken einzugehen. Das ist es, was das Wort «Glauben» bedeutet. Wenn Gott seinen Traum, den er in bezug auf Ihr Leben hat, Ihrem Denken übergibt, so scheint dieser nach menschlichem Ermessen unmöglich zu sein. Das ist seine Art, sich zu vergewissern, ob Sie 1. den Glauben

haben, 2. seine Hilfe suchen und 3. den grossartigen Erfolg verdienen, den er Ihnen auf der Spitze des Berges oben als Überraschung zukommen lassen will.
Es geschieht nichts Grosses, ohne dass jemand bereit ist, etwas zu riskieren: Prestige oder Geld.
Die Fähigkeit, Risiken einzugehen, wird dadurch mit einer anderen Management-Fähigkeit zum siamesischen Zwilling, nämlich mit der

Entscheidungstechnik

Menschen, die Risiken eingehen, sind keine Dummköpfe. Sie werden vielmehr zu klugen Entscheidungstechnikern.
Wie?
1. Sie listen die Alternativen auf.
2. Sie machen ein Inventar ihrer Optionen.
3. Sie klären ihre Werte ab, um Widersprüchlichkeiten auszuschalten. (Risikoreiche Entscheidungen treffen ist nicht so schwer, wenn Ihr Wertsystem nicht durcheinandergebracht ist und die Alternativen abgewogen und die Optionen erwogen werden können.)
4. Sie halten Entscheidungen und Probleme streng auseinander.

Manager, die Entscheidungen zu treffen haben, halten die Problemlösungsphase konsequent aus der Entscheidungsphase her aus, sonst bekommt das unmögliche Problem die Oberhand über die positiven Möglichkeiten.

Problem-Management

Noch jedes bedeutende Projekt, das ich je angepackt habe – einschliesslich der Bau der Kristallkathedrale –, schien zum Zeitpunkt, da die Entscheidung fiel, ein Ding der Unmöglichkeit zu sein. Warum habe ich es denn überhaupt angepackt? Weil der Idee eine derartige Lauterkeit und Ganzheit innewohnte, dass die Weigerung, sie nicht in die Tat umzusetzen, bloss weil der Plan unmöglich zu realisieren schien, buchstäblich unmoralisch gewesen wäre. Und nach jeder richtigen Entscheidung ergaben sich für Probleme, die viele Menschen für unlösbar hielten, jeweils die erstaunlichsten Lösungen. Treffen Sie eine Berge erklimmende Entscheidung (eine Gipfelentscheidung), und Sie werden mit Erstaunen feststellen, wie die schöpferischen Ideen und die erfinderischen Visionen (Ausblicke) auf Sie zuströmen! Aus diesem Grunde muss die Fähigkeit, Entscheidungen richtig zu treffen, mit der Fähigkeit gepaart sein, mit Problemen richtig umzugehen. Ist die Tatsache, dass gewisse Menschen erfolgreiche Problem-Manager sind, in einem Geheimnis zu suchen? Natürlich. Das Geheimnis heisst: positive Einstellung. Es gilt, jedes Problem als Herausforderung, als Chance zu sehen - und nicht als Bedrohung. Kein Problem ist unlösbar, solange es vom positiven Denken nicht abhält. Dem Menschen aber, dem das positive Denken abgeht, ist jedes Problem voll verborgener Gefahren. Dem positiv denkenden Menschen dagegen ist jedes Problem eine Möglichkeit zu wachsen.

Während einer Million Jahre oder noch länger überragte ein Fels still und ruhig die Malibu Beach in Südkalifornien. Vor einigen Jahren blickte ein neuer Hausbesitzer an diesen Fels über seinem Grundstück hinauf und beschloss, dass er eine mögliche Bedrohung seiner Sicherheit sei. Er trommelte seine Nachbarn zusammen, und gemeinsam reichten alle der Regierung von Kalifornien das Gesuch ein, diesen Fels zu entfernen. Der Staat hiess das Gesuch gut. Mit Bulldozern versuchte man, ihn wegzuschaffen - doch vergeblich. Er war im Abhang des Berges tief verwurzelt, etwa so wie ein verkeilter Weisheitszahn.

Brett Livingston Strong, ein 23 Jahre alter Australier, der Kalifornien besuchte, sah den fortschreitenden bzw. den eben nicht fortschreitenden Arbeiten zu. Er sah im Fels keine Bedrohung, sondern eine Gelegenheit. Nach tagelangem Kampf mit Bulldozern und Hubschraubern stürzte der Fels endlich herunter und landete mitten auf der Autobahn, die zur Pazifischen Küste führt. Der junge Australier war der erste, der am Schauplatz auftauchte. «Ich kaufe ihn», sagte er, «für einhundert Dollar.» Der für diese Autobahn verantwortliche Beamte konnte es nicht fassen, nahm aber das Angebot noch so gerne an. «Er gehört Ihnen», erwiderte er, «Sie haben zwei Tage Zeit, um ihn von der Strasse wegzuschaffen.»

Der junge Australier, der weder Geld noch Beziehungen hatte, war nun Besitzer eines 20 Tonnen schweren Felsbrockens. (Soll da noch einer von positivem Denken sprechen!) Ein Problem? Überhaupt nicht! Er sah darin vielmehr eine Möglichkeit. Er lieh sich von den Geschäftsleuten des Einkaufszentrums von Century City 20 000 Dollar aus, indem er sie davon überzeugte, dass eine Ausstellung dieses Felsbrockens für ihre Geschäfte gut sei. Als er diese Geldsumme beisammen hatte, war er auf seinen ersten Gipfel gestiegen und hatte sein erstes Problem gelöst. Gleichzeitig erblickte er eine weitere Möglichkeit. Er deckte den Fels mit Blachen zu, kaufte Hammer und Meissel und begann, heimlich aus dem Fels das Gesicht eines berühmten Mannes zu schlagen, der einige Meilen entfernt dem Tode nahe in einem Spital lag. Als John Wayne, der berühmte und gefeierte Filmstar, der krebskrank darniederlag, davon hörte, erhob er sich von seinem Krankenbett und verliess das Spital, um sich das Werk anzusehen.

«Es gefällt mir gut», sagte er zu Brett, «aber warum gerade ich? Warum das Gesicht von John Wayne?»

Dieser antwortete: «Weil mich der Fels an Sie erinnert: hart unterzukriegen.»

Mittlerweile ist der Felsbrocken für eine Million Dollar verkauft worden.

Und die Moral von der Geschichte? Was der eine als Bedrohung ansieht, erkennt der andere als Gelegenheit und Chance.

«Aber», sagen Sie jetzt vielleicht, «dieser Fels hätte doch auf die unten stehenden Häuser fallen und womöglich jemanden töten können.» Keineswegs. Jetzt weiss man, dass er so fest im Berg verwurzelt war, dass er auch in einer Million Jahren nicht heruntergestürzt wäre. In Tat und Wahrheit hatte die Entfernung des Felsbrockens Erdrutsche verursacht, die einige Häuser derjenigen beschädigt hatten, die den Fels weghaben wollten. Der Fels war eine natürliche Schutzmauer gewesen.

Fragen Sie sich, wie erfolgreich Sie als Manager sind. Wenn Sie mit Ideen, Gelegenheiten, Geld, Zeit, Menschen, Energie, Talent, Risiken, Entscheidungen und Problemen richtig umgehen können, haben Sie es geschafft. Stimmt das? Nicht ganz. Nämlich so lange nicht, bis Sie gelernt haben, mit sich selber umzugehen.

Mit sich selber umgehen können heisst lernen, mit den eigenen Fehlern richtig umzugehen. Schliesslich ist es durchaus denkbar, dass Ihnen ab und zu ein Fehler unterläuft. Kein Mittelstürmer hat schon je hintereinander zwanzig Vorlagen hingekriegt, die so gut gewesen wären, dass sie ohne Ausnahme zu einem Tor hätten verwertet werden können; und noch kein Fussballer hat in einer Spielzeit hintereinander tausend Tore geschossen.

Mit Ihren Misserfolgen sollten Sie so umgehen, dass Sie aus jedem Fehler lernen. Ein Fehler, aus dem Sie etwas lernen können, ist etwas Wertvolles.

Gleichzeitig lernen Sie auch mit Ihren Erfolgen umgehen. Sie müssen dafür sorgen, dass jeder Erfolg Ihre Ausgangsposition verstärkt und vergrössert. Sie müssen auch mit Ihrer Vorstellungskraft richtig umgehen. Mit jedem erklommenen Gipfel richten Sie Ihre Vorstellungskraft auf neu zu erobernde Gebiete aus. Sie machen sich das Von-Gipfel-zu-Gipfel-Prinzip zunutze.

Verlieren Sie nie die Kontrolle, das heisst den richtigen Umgang mit Ihrer Vorstellungskraft. Denn Sie sind das, was Sie sehen. Wenn Ihre Vorstellungskraft die Führung der Angst, den Gedanken des Misserfolgs oder der Enttäuschung überlässt, beginnen Sie zurückzufallen. Richten Sie Ihre Vorstellungskraft auf neue Gipfel aus, und Sie werden vorwärtskommen.

Kapitel 21

Nie an das «Nie» glauben

Ich erinnere mich an die Einladung, die ich einst im September erhielt, Hubert Humphrey in seiner Wohnung in Minnesota zu besuchen. Wir waren schon seit Jahren gute Freunde. Es ehrte mich, zu wissen, dass er sich meine im ganzen Lande ausgestrahlte Fernsehsendung «Die Stunde der Kraft» regelmässig ansah. Er konnte das Programm in Washington und in Minnesota empfangen.

Mein Flugzeug würde nun bald in Minneapolis landen. Was sollte ich dem Senator sagen? Eines seiner Familienmitglieder hatte mir soeben gesagt, dass die Krebskrankheit, gegen die er über viele Jahre hinweg so tapfer angekämpft hatte, ein Ausmass angenommen hatte, das zu keiner Hoffnung auf Eindämmung mehr berechtigte.

Ich wurde von einem engen Freund der Familie empfangen. «Wir fahren gleich zur Wohnung. Der Senator und seine Frau Muriel freuen sich darauf, Sie zu sehen», sagte er mit sanfter, leiser Stimme, aus der man die tiefe Sorge heraushören konnte.

«Was kann ich für ihn tun?» fragte ich.

«Seit der Senator vor vielen Jahren von seiner Krankheit erfuhr, ist es jetzt das erste Mal, dass er zu resignieren scheint; er bleibt zu Hause und erwartet den Tod», antwortete mir der Freund der Familie. Und während er vor dem Rotlicht einer Ampel wartete, drehte er sich zu mir um und fuhr fort, wobei in seinen Augen und in seiner Stimme Verzweiflung lag: «Wir dachten, dass vielleicht Sie ihn dazu bewegen könnten, nach Washington zurückzukehren. Selbst wenn er – wie der Arzt sagte – nur noch drei Monate zu leben hat, so glauben wir, dass es für ihn besser und wertvoller ist, diese Zeit in seiner Umgebung in Washington zu verbringen, als einfach hier zu bleiben und auf den Tod zu warten.»

Still bat ich Gott um seinen Beistand. «Was sage ich dem Senator?» betete ich!

«Nie an das ‹Nie› glauben.»

Hubert Horatio Humphrey hatte sich für meine Ankunft angezogen. Er war sehr abgemagert. Seit ich ihn das letzte Mal gesehen hatte, war einige Zeit verstrichen. «Wenn er nun nicht will, dass ihn Washington und seine Freunde derart schwach sehen, soll ich dann überhaupt versuchen, ihn dazu zu bewegen, für seine letzten zwölf Lebenswochen dorthin zu gehen?» Diese Frage stellte ich Gott in meinem Gebet. Tief in meinem Innersten vernahm ich Gottes Antwort: «Ja! Ich habe mit ihm noch Grosses vor!» – «Wie kann ich, mein Vater, ihn zu dieser Entscheidung bringen?» Gottes Beistand erfuhr ich unmittelbar im Gespräch mit Hubert Humphrey, als ich ihn fragte: «Welches waren in deinem Leben die für dich inspirierendsten Sätze, Slogans und Aussagen?» – «Nun, ein Satz, der Muriel und mir in diesen letzten Monaten ausserordentlich viel bedeutet hat, ist das Motto deines Gottesdienstes, Robert: ‹Gott liebt dich, und auch ich liebe dich.› Und angesichts meines Zustandes wollen Muriel und ich diesen Satz auf unsere Weihnachtskarten schreiben. Dürfen wir das?» – «Aber natürlich!» rief ich aus. Das taten sie dann auch. Das demütigte, aber befriedigte mich. «Weiter», drängte ich, «sag mir noch einige weitere Sätze!» Und da ich bei ihm war, erinnerte er sich an mein Credo des positiven Denkers, von dem er vor Jahren, als er erstmals an Krebs erkrankt war, von mir eine Abschrift verlangt hatte. Ich begann es zu zitieren, er fiel ein und sagte es auswendig auf:

Das Credo des positiven Denkers
Wenn ich vor einem Berg stehe, gebe ich nicht auf.
Ich kämpfe weiter, bis ich oben bin, einen Weg
hindurch, einen unterirdischen Gang finde, oder ich
bleibe einfach dort und verwandle den Berg mit
Gottes Hilfe in eine Goldmine.

«Sag mir bitte weitere solche Sätze», bat ich. «Muriel, bring mir doch mein schwarzes Notizbuch», sagte er zu seiner Frau und erklärte ihr, wo es war. Sie kam kurz darauf wieder zu uns und gab ihm ein dickes, abgenütztes Notizbuch. In seine Augen kehrte wieder Glanz zurück! Ich sah förmlich, wie Energie zurückkam! Als er sich an die alten Aussagen «erinnerte» und sie «wieder las», kam neues Leben in seine Gedanken! Eine halbe Stunde später brach es aus mir mit jener Begeisterung, die wir miteinander oft geteilt hatten: «Hubert, wann gehst du nach Washington zurück? Du weisst doch, dass jetzt jeder in dieser Stadt wirklich auf dich hört!» Unsere Augen, unsere Herzen und unsere Seelen waren wie elektrisch miteinander verbunden! Ich wusste, dass Gott mich leitete. Huberts Gesicht erhellte sich, er setzte sich gerade auf, wandte sich zu seiner wundervollen Frau und sagte: «Ja, Muriel, ich muss nach Washington zurück!» Wir beteten zusammen. Er bestand darauf, die Wohnung zu verlassen und mich im Aufzug nach unten zum wartenden Wagen zu begleiten; ich sah ihn zum letzten Mal im Leben, wie er, den Arm um Muriel gelegt, unter der am klaren Himmel Minnesotas untergehenden Sonne stand. Hoch hielt er seinen Arm, als er mir zum Abschied zuwinkte. Und mein Wagen fuhr zurück zum Flughafen. «Sie werden ihn wahrscheinlich nie mehr sehen», meinte der Freund der Familie. In meinem Herzen schrie es: Nie an das «Nie» glauben! Ich bestieg mein Flugzeug. Am nächsten Tag hörte ich in den Nachrichten folgendes: «Präsident Jimmy Carter verlässt heute Kalifornien, wo er mehrere Reden gehalten hat. Er hat bekanntgegeben, dass das Flugzeug des Präsidenten in Minnesota einen Zwischenhalt machen werde, um Senator Hubert H. Humphrey aufzunehmen, der beschlossen hat, ein letztes Mal nach Washington, D.C., zurückzukehren.» Ich musste ein bisschen weinen!

In den folgenden Wochen wurde Hubert Humphrey mit Ehren, Beifall und Auszeichnungen von ganz Washington überhäuft. Auf dem Gipfel seines Ruhmes rief er mich an: «Es ist wirklich wunderbar», sagte er, als er der Achtung gewahr wurde, die ihm selbst seine alten politischen Feinde entgegenbrachten.

«Es ist paradox, Hubert», sagte ich ihm, «dass Richard Nixon, der dich damals geschlagen hatte und Präsident geworden war, heute in seinem Haus in San Clemente gewissermassen im Exil lebt, nur zwanzig Meilen von meinem Wohnort entfernt, während du, der Geschlagene, der Geehrte bist und er, der Sieger, mit Schmach, Schande und der Verachtung durch die Öffentlichkeit bedacht wird. Wird man ihm je vergeben? Soll man ihm überhaupt vergeben? Und durch wen könnte ihm eine solche Gnade zuteil werden?» Die Fragen sprudelten förmlich aus mir heraus. «Ich glaube, er hat genug gelitten», war Humphreys Antwort.
«Nun, der einzige Mensch, der ihm den Psalm der Vergebung anbieten könnte», fuhr ich fort, «wäre jemand, der 1. im anderen politischen Lager war, 2. der der Achtung ganz Amerikas gewiss ist, und – da die freundliche, vergebende Geste für den Gebenden eine beträchtliche Gefahr ist – müsste es 3. jemand sein, dem es nichts ausmacht, wenn er nicht mehr gewählt wird.» Humphreys Stimme dröhnte: «Das hört sich so an, wie wenn ich dieser Mann wäre.» Und er lachte laut: «Mir macht es nichts aus, wenn ich nicht mehr gewählt werde!»
Ich benachrichtigte Nixons Büro in San Clemente. Zwei Tage später sprachen die beiden alten Rivalen am Telefon miteinander. Und weniger als einen Monat später lud Richard Nixon Muriel ein, im Capitol-Rundbau, wo der Sarg mit der sterblichen Hülle ihres Mannes bis zum Begräbnis in Washington aufgebahrt war, neben ihm zu sitzen. Ich erinnerte mich daran, wie bitter die Gefühle nach der Wahlkampagne Nixon/Humphrey gewesen waren. «Sie werden nie wieder ein Wort miteinander wechseln», hatte ich damals eine Vertrauensperson sagen hören. «Nie an das ‹Nie› glauben!» dachte ich still!
Als Nixon nach der Watergate-Affäre Washington in Ungnade verliess, waren sich alle einig: Nie wieder wird er sich in Washington zeigen können. Nie an das «Nie» glauben!
Nach einem Vierteljahrhundert Pfarrtätigkeit in einer einzigen Kirche an einem einzigen Ort weiss ich, dass Gott in einem Reiche lebt, das «Immer» heisst. Im «Immer» gibt es kein «Nie»!

Zur Zeit der Drucklegung dieses Buches werden an der Kristallkathedrale die letzten Arbeiten ausgeführt. «Das schafft er nie», hatten meine Kritiker gesagt.
Rückblickend sehe ich, wie der Bau ermöglicht wurde.
Oktober 1975: Wir nehmen bei der Bank ein Darlehen von 200 000 Dollar auf, um den Architekten Philip Johnson zu verpflichten. «Zwischen meinen Augen, meinem Geist und dem Himmel will ich keinerlei Decke haben», erklärte ich ihm, «machen Sie alles aus Glas.»
November 1975: Wir enthüllen das Projekt des Architekten: ein 20 cm grosses Plastikmodell einer viereckigen, sternförmigen Kathedrale, ganz aus Glas – von einem Ende zum anderen 124,2 m lang. Wir heissen das Projekt gut und beauftragen Johnson mit der Realisierung.
Dezember 1975: Er legt einen Kostenvoranschlag vor: 7 Millionen Dollar. Ich falle beinahe in Ohnmacht, bin verzweifelt. Ich lese meine eigenen Bücher: Beginne sachte. Denk dir Möglichkeiten und Chancen aus. Geh über deine dir bekannten Grenzen hinaus. Investiere alles, was du hast. Sei deines Erfolgs gewiss. Und glaub nie an das «Nie».
Januar 1976: Der Architekt teilt mit: «Laut Bauingenieur hält die vorgesehene Struktur. Die Stadtbaukommission hat unser Baugesuch gutgeheissen.»
Februar 1976: Ich bin ratlos. Wie können wir das Bankdarlehen von 200 000 Dollar zurückzahlen? Wie kriegen wir je die 7 Millionen Dollar zusammen?
April 1976: Ich wende mich an einen wohlhabenden Mann und zeige ihm die Baupläne. «Ohne eine Schenkung als Starthilfe von – sagen wir – einer Million Dollar kann das Projekt nie verwirklicht werden.» – «Ich würde gerne helfen, aber ich kann nicht», sagt er klipp und klar.
Ich bete zu Gott: «Mein Vater, ich bin so dankbar, dass er eine Million schenken möchte. Könntest Du nicht für ihn einen Weg finden, damit er das, was er möchte, aber nicht kann, trotzdem tun kann?»

Der nächste Tag ist Karfreitag. Um 11.06 Uhr ruft der Mann mich an: «Dr. Schuller, die Frage ist nicht ‹ob›, sondern nur ‹wie› und ‹wann›.» Auf diese Weise lässt er mich wissen, dass er tatsächlich eine Million Dollar schenkt!

Mai 1976: Der anonyme Wohltäter lässt uns 55 000 Staatspapiere zu je 18⅛ Dollar zukommen – im Wert von einer Million Dollar!

Juni 1976: Wir beschliessen, ein volles Erdgeschoss zu bauen (4000 m²!), um dort die Chöre, die Musikalien, Orchester und Konzertrequisiten unterzubringen. Die Kosten steigen von 7 auf 10 Millionen Dollar.

Juni 1976: Ich fliege nach Chicago, wo ich W. Clement Stone um eine Million Dollar bitte. In seinem Haus verbringen wir einen sehr netten Abend mit Nachtessen. Doch er sagt nein. Am Türeingang warten wir im Mondenschein auf den Fahrer, der mich zum Flughafenhotel bringen soll. Wir beten. Am nächsten Tag läutet das Telefon. Es ist Clement Stone. «Hören Sie, Schuller, ich sag' Ihnen, was ich mache: Wenn Sie die anderen neun Millionen *bar* zusammenkriegen, schenke ich Ihnen die zehnte Million!» Ich bin ausser mir vor Freude!

Das Von-Gipfel-zu-Gipfel-Prinzip funktioniert!

«Glaub nie an das ‹Nie›!» sage ich zu mir selbst.

September 1976: Wir lancieren den Verkauf von Gedenkfenstern (es hat in der Kathedrale 10 000) zum Preise von je 500 Dollar.

Januar 1977: Alle 10 000 sind verkauft! Mit einer Million Dollar Bargeld (der Summe, mit der wir in den nächsten 24 Monaten durchkommen) in der Hand bin ich überglücklich! Das Projekt sieht phantastisch aus!

Februar 1977: Schlechte Nachrichten: Ich lese einen Bericht, wonach ein neues kalifornisches Umweltschutzgesetz Bauten untersagt, deren Fassaden zu mehr als 50% aus Glas bestehen! Unser Projekt ist dem Untergang geweiht! Es besteht zu 100% aus Glas! «Glaub nie an das ‹Nie›!» Ich rufe den Bürgermeister und Vorsteher der Baukommission an. «Das ist so, Herr Pfarrer, das ist das neue Gesetz, das für alle Baubewilligungen vom nächsten Monat an gilt», lautet die Auskunft.

Verzweifelt rufe ich den Architekten an, und nur ein paar wenige Stunden vor Monatsende reichen wir im Stadthaus die Baupläne ein. Und unser Projekt wird bewilligt! Knapp bevor die neuen gesetzlichen Bestimmungen in Kraft treten!

März 1977: Ich bin in Hochstimmung. Man berichtet mir, dass das Geld aus den Zahlungen für Fenster eingetroffen ist! Im Sommer werden wir eine weitere Million zusammenhaben!

Juni 1977: Ich bin in Hawaii auf dem Weg nach Australien. Ich mache mir wegen der Kosten unseres Bauprojekts Sorgen. Ich rufe Philip Johnsons Partner, John Burgee, an: «Können Sie mir garantieren, dass wir die 10 Millionen Dollar Baukosten nicht überschreiten?» Er schweigt. Dann sagt er: «Ja, Dr. Schuller, aber die Inflation will ihren Tribut; unter Umständen müssen Sie auf den Ausbau des Erdgeschosses verzichten.» Das tut weh, doch ich bin erleichtert. «Gut, machen Sie die Pläne fertig und geben Sie sie unserem Baumeister, Clair Peck, damit wir mit den Ausschreibungen starten können», ordne ich an. «Wenn ich im August von Australien zurück bin, hoffe ich, dass wir die Aufträge vergeben und mit Bauen beginnen können.»

August 1977: Ich werde zu einer dringenden Sitzung gerufen. «Die Offerten liegen vor.» Der Baumeister, ich, der Architekt und Victor Andrews (ein guter Freund und Ratgeber von mir) setzen sich zusammen. Ich erfahre fürchterliche Neuigkeiten. «Die Offerten übersteigen die zehn Millionen Dollar ein bisschen.» Der Vertreter des Baumeisters eröffnet mir dies so schonend wie nur möglich. Dann fährt er fort: «Zurzeit liegen sie insgesamt bei 13,4 Millionen Dollar.» Ich werde weich in den Knien. Victor Andrews stellt die naheliegende Frage: «Ist in dieser Summe alles eingeschlossen?» – «Ja nun», erklärt der Gefragte, «auf diese Summe müssen Sie noch 10% für Unvorhergesehenes schlagen. Bei einem Bauprojekt ist es normal, dass nicht vorhersehbare Baumehrkosten entstehen, die im Schnitt 10% der Offertgesamtsumme ausmachen.» Das erhöht die Baukosten sofort auf über 14,7 Millionen Dollar! Für mich beginnt unser Projekt allmählich unrealisierbar zu werden! Noch vor zwei Monaten hat mir John

Burgee garantiert, dass wir es für 10 Millionen bauen könnten, allerdings ohne den Endausbau des Erdgeschosses. Ich weiss nicht, was ich machen soll. Ich bitte die Anwesenden, mich zu entschuldigen. Meine Augen füllen sich mit Tränen. Ich spüre, dass ich das Projekt aufgeben muss und all denen, die bis jetzt Geld eingezahlt haben (insgesamt rund 3 Millionen Dollar), ihren Anteil zurückzuzahlen habe. Ich gehe ins Sitzungszimmer zurück. Ich sage nur eines: «Meine Herren, wenn das alles ist, können Sie verfügen; wir müssen das ganze Projekt überdenken, um abzuklären, ob wir es noch verwirklichen können.» Jeder geht seines Weges. Ich bereite eine Pressemitteilung vor: «Das Projekt der Kristallkathedrale wird fallengelassen» und füge die Erklärung bei: «Als die Offerten eintrafen, stiegen die Kosten von 10 Millionen auf nahezu 15 Millionen Dollar, was unsere Möglichkeiten übersteigt.» Mit dem Entschluss, das Projekt aufzugeben, das unsere Möglichkeiten übersteigt, fällt mir eine Riesenlast vom Herzen. Ich fahre zu jenem Mann, der mir die erste Million gegeben hat, und lege ihm mein Problem dar. «Schuller», sagt er zu mir, «lassen Sie den Aushub für das Fundament machen. Auf irgendeine Art kommt dann das Geld schon herein.» Das ist ermutigend. Zurück in meinem Büro finde ich einen Brief von einer römisch-katholischen Schwester in einer Stadt im Osten der Vereinigten Staaten vor. Sie schreibt: «Herzlichen Glückwunsch zur Kristallkathedrale! Wir wollten an unser Spital einen neuen Flügel anbauen. Alle sagten uns, dass dies wegen der Inflation unmöglich sei. Doch ich erwiderte: ‹Wenn Schuller für eine Kristallkathedrale das Geld zusammenbringt, glauben Sie dann nicht, dass wir das nötige Geld für unser Spital zusammenbringen können?› Damit brachte ich die für die Entscheidung zuständigen Leute auf meine Seite. Ich bin stolz darauf, Ihnen heute mitteilen zu können, dass wir ein neues Spital bauen. Und das dank der Eingebung, die uns Ihr Projekt der Kristallkathedrale gab!»

Von diesem Augenblick an weiss ich, dass wir unser Projekt nicht aufgeben dürfen. Denn wenn wir aufgeben, würden wir andere dazu bewegen, ihre Projekte fallenzulassen!

Wir gehen zum Baumeister und fragen ihn: «Können Sie einfach das Traggerüst bauen, und wenn ja, was würde es kosten?» – «Ich kann es für 9,2 Millionen Dollar bauen.» – «Gut, dann bauen wir es», erklärte ich. Schliesslich haben wir rund 2 Millionen auf der Bank, und die Pläne haben wir auch schon fast ganz bezahlt. Wir künden die Grundsteinlegung an!

4. Dezember 1977: Der Grundstein ist gelegt! Tausende von Menschen haben daran teilgenommen. Die Kameras der nationalen Fernsehgesellschaften summen. Die Nachricht wird in den Zeitungen und Zeitschriften des ganzen Landes gebracht. Die Kristallkathedrale ist im Bau, in Garden Grove, Kalifornien! Doch die bittere Wahrheit ist, dass ich nur 2 Millionen Dollar in der Hand habe, und die grösste Bankbelehnung, die wir bekommen können, stammt von der Farmers and Merchants Bank in Garden Grove, welche die rechtlich zulässige Höchstbelehnung – nämlich 4 Millionen Dollar – garantiert. Damit fehlen uns für die Errichtung des Traggerüstes immer noch 3 Millionen. Doch wir überzeugen Mr. Peck, den Baumeister, dass wir diese Summe aus dem Fenstergeld zusammenbringen sollten, das im Verlaufe der mutmasslichen eineinhalb Jahre Bauzeit hereinkommen würde. Von jetzt an tauchen in ganz Amerika Zeichnungen der Kristallkathedrale auf. In der Zeitschrift «Time». In der «Newsweek». In der «Vogue». In der «Architectural Review». Und in den «60 Minuten» mit Dan Rather. Und in Phil Donahues Talk-show. Und in der «Mike Douglas Show». In der NBC-Sendung «Today». Die wichtigsten Presseleute aus Irland, England, Australien und Südamerika bitten mich um Interviews! Mit einemmal wird das Projekt berühmt. Und damit kommen auch die ersten Kritiken.

März 1978: Der Baumeister beruft eine dringliche Sitzung ein. Seine Rechtsabteilung teilt ihm mit, dass er keine weiteren Vergebungen machen und mit dem Bau nicht fortfahren könne – allein auf der Grundlage von «Treu und Glauben, dass die zusätzlichen 3 Millionen Dollar aufgrund von unvorhersehbaren Spenden in den kommenden 18 Monaten hereinkommen». Man sagt uns: «Entweder legen Sie eine Bankzusicherung über die rest-

lichen 3 Millionen Dollar vor oder legen diese Summe bar auf den Tisch, oder wir brechen die Bauarbeiten ab.»
«Bis wann brauchen wir diese 3 Millionen?» frage ich. «Binnen sechzig Tagen müssen 600 000 Dollar auf der Bank deponiert sein. Eine weitere Million bis spätestens Juli, und 1,4 Millionen bis Mitte Oktober dieses Jahres.»
Nie an das «Nie» glauben! Ich muss mir diese positiven, ermutigenden Worte immer wieder sagen. An alle meine Freunde in ganz Amerika schreibe ich einen Eilbrief. Und nach dreissig Tagen liegen die 600 000 Dollar vor. Juli ist bald. Wo sollen wir die Million Dollar hernehmen? Wir beten und beschliessen, in unserer Kirche an einem einzigen Sonntag eine einmalige Kollekte von einer Million Dollar zu veranstalten! Unmöglich? Dies gab Gott eine Gelegenheit, ein Wunder zu vollbringen! Ich entdecke, dass eine kleine Wohnung am Meer, die ich vor acht Jahren mit Hilfe von 8000 Dollar, die ich von meinem Vater geerbt habe, zum Preise von 36 000 Dollar kaufte, infolge der Inflation jetzt einen Marktwert von knapp 200 000 Dollar hat! Ich beschaffe mir ein weiteres Bankdarlehen, indem ich aus dem Verkauf der Wohnung den Gegenwert von 150 000 Dollar heraushole, und teile dem Vorstand der Kirche mit, dass ich an jenem Ein-Million-Dollar-Sonntag eine Startspende von 150 000 Dollar machen werde. Ich erwarte voller Hoffnung, dass die Vorstandsmitglieder mit mir gleichziehen werden. «Nie werden Sie an einem einzigen Sonntag eine Million zusammenkriegen!» sagen mir viele voraus. Man darf aber nie an das «Nie» glauben!
Sonntag, 18. Juni 1978: Seit dem Bestehen unserer Kirche nimmt am Gottesdienst eine der grössten Menschenmengen teil. Meine Tochter Carol hat ihr Pferd für 400 Dollar verkauft und legt 400 Ein-Dollar-Scheine auf den Kollektenteller! Ja, Hunderte von unseren Kirchgemeindemitgliedern geben auch so viel und noch mehr! Die Kollekte bringt insgesamt 1 400 000 Dollar! Wir haben es geschafft! Wir können weiterbauen!
September 1978: Bis Mitte Oktober brauchen wir eine weitere Million Dollar. Wo soll sie herkommen? Aus heiterem Himmel

erreicht mich ein Brief aus Chicago, Illinois, von einem Menschen, den ich noch nie gesehen habe. «Ich habe die Zeichnung der Kristallkathedrale gesehen. Sie verdient es, gebaut zu werden. Würde Ihnen dabei ein Beitrag von einer Million Dollar eines älteren Ehepaares helfen?» Für mich ist das ein bares Wunder! Ich fliege nach Chicago, treffe dort den Mann und verspreche ihm, niemandem seinen Namen zu nennen. Er sagt mir, dass er mir bis Mitte Oktober die Million überweisen werde.
16. Oktober 1978: Ein Brief kommt, ich öffne ihn, darin ist der Scheck über eine Million Dollar!
November und Dezember 1978: Aus Fenster-Verkäufen lösen wir eine weitere Million. Jetzt bieten wir zum Stückpreis von 500 Dollar Sterne an, die von der Decke herunterhangen sollen.
März 1979: Ich werde zur Geburtstagsfeier des älteren Herrn aus Chicago eingeladen, der mir die Million Dollar gegeben hat. Zum Geburtstag gebe ich ihm ein kleines Geschenk. Er schiebt mir einen Umschlag zu. «An meinem Geburtstag mache ich gerne Geschenke», erklärt er. Ich öffne den Umschlag und halte einen weiteren Scheck über eine Million Dollar in der Hand; dank dieser Summe kommt die Kristallkathedrale zum Traggerüst-Stadium hinaus in das Stadium, wo sie auch wirklich benützt werden kann!
April 1979: Der Orgel-Ausschuss legt mir einen Bericht vor, wonach die Orgel, die wir aus unserer bestehenden Kirche herausnehmen und in der Kristallkathedrale verwenden wollten, ungenügend und ungeeignet ist. Es sind an die 1000 000 Dollar erforderlich, um alle Teile, Pfeifen und die Tragplatte zu kaufen, die nötig sind, um die gewaltige Kathedrale mit den ihr entsprechenden Orgelklängen zu füllen! Virgil Fox, der bekannte Organist, ruft mich an und sagt: «Wenn man weniger als das investiert, hört sich die Orgel furchtbar an.»
Juni 1979: Eine liebe Bekannte, Hazel Wright in Chicago, Illinois, lädt mich zu sich ein. Sie bietet mir eine Million Dollar an, um die Auslagen für die Orgel zu decken! Ein weiteres Wunder ist geschehen!

Oktober bis Dezember 1979: Aus den Fenster- und Sternen-Verkäufen lösen wir noch mehr Geld.
31. Dezember 1979: Wir haben einen Barbetrag von 12 Millionen Dollar gesammelt, einschliesslich der grosszügigen Spende von W. Clement Stone! Wenn man die Auslagen für die Orgel und die Geldentwertung wegen der Inflation dazunimmt, belaufen sich die Gesamtkosten jetzt auf 16 Millionen Dollar.
Aber es fehlen uns noch 4 Millionen!
Januar 1980: «Niemand hat Geldsorgen – es sind lediglich Ideensorgen.» In einem Vortrag, den ich vor Spitzenmanagern an der University of California in Irvine halte, rufe ich diese meine Worte in Erinnerung. Ich bete jetzt zu Gott, dass er uns eine Idee gibt, wie wir die letzten 4 Millionen Dollar beschaffen können. Ich bitte Gott, es zu ermöglichen, dass wir am 14. September 1980 die Türen einer schuldenfreien Kristallkathedrale öffnen. Ich bitte ihn, uns zu helfen, damit wir die ganze Kollekte des ersten Sonntags und der kommenden Sonntage für die Unterstützung von hunger- und notleidenden Menschen in der ganzen Welt verwenden können. Wenn wir die Kathedrale wirklich schuldenfrei eröffnen können, verfügen wir über einen riesigen Bau, der eine Vielzahl von Menschen anziehen wird, die wir dazu bewegen können, grosszügige Spenden zur Unterstützung von Missionsprojekten in der ganzen Welt zu machen!
Februar 1980: Wir verkünden unseren Plan, mit dem wir die letzten 4 Millionen Dollar beschaffen wollen. Wir wollen versuchen, jeden der 3000 Sitzplätze zu je 1500 Dollar zu verkaufen. Damit wären wir schuldenfrei! Beverly Sills hat sich bereit erklärt, am 13. Mai zum ersten Anlass, der in der Kristallkathedrale stattfindet, ein Wohltätigkeitskonzert zu geben. Wir versprechen unseren Freunden, dass an den opernhausähnlichen Kirchenstühlen der Kristallkathedrale ständig eine Gedenkplakette mit ihrem Namen und ihrem Wohnort sei. Werden wir wohl Erfolg haben? Ich fahre nach Vancouver, Kanada. Meine dortigen Freunde versprechen mir, dass «Kanada 300 Balkonsitze für das Konzert mit Beverly Sills kaufen will. Rechnen Sie mit 450 000 Dollar von

uns!» Der Plan hat sich gut angelassen. Ich komme nach Hause und finde auf meinem Schreibtisch einen Brief von Frank und Barbara Sinatra vor; darin ist ein Scheck über 3000 Dollar für zwei Plätze! Das Telefon läutet. Es ist mein Freund Mickey Rooney, der mich aus New York anruft: «Meine Frau und ich wollen zwei Plätze kaufen.»

Unglaublich? Ja und nein! Mit Gott ist nichts unmöglich! Denn Gott lebt im «Immer»-Land, und dort gibt es kein «Nie»! Ich schreibe diese Zeilen im Februar 1980 und bin überzeugt, dass der nächste Berggipfel in Sichtweite ist!

13. Mai 1980: Das Haus ist ausverkauft! Die Berühmten, die Superreichen und viele unbekannte wunderbare Menschen, die ein grosses Opfer gebracht haben, um eine Spende von 1500 Dollar machen zu können – sie alle füllen die Kristallkathedrale. Beverly Sills füllt sie mit herrlicher Musik! Wir haben die letzten 4 Millionen beisammen! Die Monate Juni, Juli und August können wir jetzt damit verbringen, Gras anzusäen und die Fenster zu reinigen. Und uns darauf vorbereiten, die Kathedrale ihrer grossen Bestimmung zu übergeben! Am Sonntag, 7. September, werde ich in der alten Kirche den letzten Gottesdienst halten. Ich werde am Ende des Gottesdienstes die Bibel von der Kanzel nehmen, aus der alten Kirche schreiten und durch die offenen Türen der Kristallkathedrale gehen. Die ganze Kirchgemeinde soll mir dabei folgen. Und wir werden uns auf Sonntag, den 14. September 1980 vorbereiten, um den 25. Jahrestag unserer Kirchgemeinde mit der Weihung der schuldenfreien Kristallkathedrale zum Ruhme Gottes zu feiern! Und wir werden die ganze Kollekte dazu verwenden, das zu lancieren, was zu einem mehr als eine Million Dollar kostenden medizinischen Notfallzentrum werden soll – ein Zentrum, das den über 300 000 Indianern helfen soll, die in medizinisch völlig unterversorgten Gebieten im mexikanischen Urwald nahe der Grenze Guatemalas in unvorstellbarer Armut hausen.

Der grösste Traum ist Wirklichkeit geworden. Ein herrliches Bauwerk ist zu einem Werkzeug geworden, das für mehr Menschen in

der Welt, als wir uns je vorgestellt haben, noch mehr Gutes bewirken kann!
Ich erinnere mich an das, was Alfred North Whitehead einst sagte: «Grosse Träume von grossen Träumern erfüllen sich nie, sie gehen immer weiter.»

Unsere Träume sind wahr geworden. Das war schon immer so!
Nie an das «Nie» glauben!
Wovon träumen Sie? Wählen Sie einen Berggipfel. Setzen Sie sich ein Ziel.
«Ich habe schon so oft versucht, abzunehmen – ich bin einfach dazu verurteilt, dick zu sein. Nie werde ich schlank sein.»
Nie an das «Nie» glauben!
«Ich habe versucht, das Rauchen aufzugeben» oder «Ich habe versucht, von den Drogen wegzukommen – es wird mir nie gelingen.»
Nie an das «Nie» glauben!
«Ich habe so viel verloren. Ich werde meine Verluste nie wieder gutmachen können.»
Nie an das «Nie» glauben!
«Wir werden nie in der Lage sein, eine gute Ehe zu führen.»
Nie an das «Nie» glauben!
«Nie werde ich das Diplom schaffen und nie die verpasste Ausbildung nachholen können.»
Nie an das «Nie» glauben!
«Ich werde nie wieder gehen können. Ich habe ein amputiertes Bein.»
Nie an das «Nie» glauben!
«Sie haben Jesus gekreuzigt. Sie haben ihn begraben. Wir werden nie wieder von ihm hören.»
Nie an das «Nie» glauben!

Kapitel 22

Wählen Sie einen Gipfel

Ich habe das Privileg, dass viele grosse Menschen in Amerika und überall in der Welt meine Freunde sind. Und ich staune immer wieder darüber, dass die supererfolgreichen Menschen, die zuoberst auf der Leiter stehen, in Wirklichkeit ganz gewöhnliche Menschen sind. Ich hatte immer geglaubt, grosse Menschen seien einmalig begabt oder mit bemerkenswerten Talenten, mit irgendwelchen mythischen, mystischen oder charismatischen Eigenschaften versehen, die aussergewöhnlich und einzigartig seien. Doch heute bin ich davon überzeugt, dass dies - wenn überhaupt - nur ganz selten der Fall ist. Grosse Menschen sind nicht anders als Sie oder ich. Sie haben lediglich grössere Entscheidungen getroffen und ihr ganzes Denken auf grössere Ziele ausgerichtet. Grosse Menschen sind gewöhnliche Menschen, die sich für aussergewöhnliche Ziele engagieren. Sie haben eine grössere Chance wahrgenommen, eine Chance, die sie zu grösseren Menschen gemacht hat. Grössere Ziele haben in ihnen bemerkenswerte Visionen, Ausblicke, Durchblicke auf ihre Zukunft wachgerufen. Grosse Menschen sind tatsächlich gewöhnliche Menschen, die es wagen, in grösseren Dimensionen zu denken und grössere Träume zu träumen. Grösse ist daher das Ergebnis eines Engagements ungewöhnlich grossen Träumen gegenüber.

Ich rufe Sie auf, daran zu glauben, dass in Ihnen etwas Schönes und Positives steckt, das Sie unserer Welt geben können! In Ihnen befindet sich etwas Grosses! Der Schlüssel, mit dem Sie die Tür zu Ihren Qualitäten, Talenten und Fähigkeiten öffnen können, ist das dynamische Selbstvertrauen. Wie kommen Sie dazu?

Wählen Sie einen Gipfel! Suchen Sie ein Ziel!

Kürzlich bezog ich, bevor ich einer Vortragsverpflichtung nachging, ein Zimmer in einem Motel. Es war schon spät abends. Die Motelhalle war leer; nur am Empfang war ein Angestellter. Als ich im Zimmer meine Sachen auspackte, holte ich meine Zahnbürste hervor. Dabei stellte ich fest, dass ich vergessen hatte, Zahnpasta mitzunehmen. «Kein Problem», dachte ich, «unten in der Halle gibt es bestimmt einen Automaten.» Ich ging durch den Korridor nach unten, wo ein solcher Automat stand. Ich studierte dessen Inhalt. Hinter der Glasscheibe waren alle möglichen nützlichen Dinge: Rasierklingen, Taschenbücher, Kämme und kleine Tuben mit Zahnpasta!

Ich brauchte bloss zwei Münzen einzuwerfen, und mein Problem wäre bereits gelöst. Da ich kein Kleingeld hatte, ging ich zum Empfang, wo man mir die benötigten Münzen gab. Zum Automaten zurückgekehrt, warf ich die erste Münze ein ... klick. Dann die zweite ... klick. Ich drückte auf den roten Knopf unter der Zahnpasta und wartete. Doch nichts geschah! Der Automat funktionierte nicht! Ich drückte auf die Geldrückgabetaste und erhielt meine Münzen wieder.

«Schön», dachte ich, «machen wir eben nochmals einen Versuch.» Ich warf die erste Münze ein ... klick, dann die zweite ... klick, drückte auf den Knopf – und wieder geschah nichts!

Immer noch keine Zahnpasta! Ich machte eine kleine Pause, während der ich mir all die Sachen hinter dem Glas besah, zu denen ich nicht kommen konnte. «Positiv denken», sagte ich laut und drückte erneut auf den Knopf. Nichts zu machen!

Mittlerweile leicht irritiert, drückte ich auf die Geldrückgabetaste, nahm meine Geldstücke und ging wieder zum Empfang. Ich schilderte dem Mann mein Problem, worauf er mir erklärte: «Tut mir leid, der Automat gehört nicht dem Motel. Eine private Firma installiert diese Geräte und wartet sie einmal in der Woche. Es ist jetzt schon so spät, dass ich niemanden mehr kommen lassen kann. Ich kann leider nichts für Sie tun.»

Bevor ich in mein Zimmer zurückging, ging ich nochmals zu jenem Automaten und stellte mich noch einmal vor die störrische Maschine hin. Was ich brauchte, war verschlossen dort drin! Haben Sie gute Eigenschaften, die in Ihnen eingeschlossen sind? Sie allein vermögen sie herauszulassen! Tief in Ihrem Innersten

haben Sie vieles, das Sie geben können, doch wissen Sie nicht, wie Sie Ihre Möglichkeiten freigeben können. Sie haben viel zu geben, aber etwas hält Sie verschlossen, macht Sie scheu, schüchtern, zurückhaltend und schlecht.
Ich gebe Ihnen einige Richtlinien, die Ihnen helfen, die dynamischen Möglichkeiten und die wertvollen Fähigkeiten, die in Ihnen schlummern, freizumachen. Zunächst müssen Sie sich bewusst werden, dass Sie es sind, der am Steuer Ihres Lebens steht. Der Ort, an dem Sie sich heute befinden, ist weitgehend das Ergebnis von Entscheidungen, die Sie getroffen bzw. nicht getroffen haben! Manchmal fallen einem diese Entscheidungen schwer, und vielfach sind sie nicht ohne Risiken. Wenn Sie immer noch unten an der Leiter stehen oder sich ausgelaugt und ausgepumpt vorkommen, dann sehr wahrscheinlich deshalb, weil Sie die entsprechenden Entscheidungen *nicht* getroffen haben!
Wenn Sie mutlos sind, weil Sie heute nicht mehr Erfolg als gestern haben, so ist es wichtig, dass Sie sich auf Ihre vergangenen Erfolge konzentrieren und nicht auf Ihre Misserfolge.
Lassen Sie sich von Gipfeln leiten, nicht von Tälern. Wenn Sie sich an Misserfolge erinnern, denken Sie negativ. Wenn Sie sich einer gedrückten Stimmung hingeben, so geht Ihr Weg nur in eine Richtung: abwärts! Noch niemand ist in einer Stimmung der Niedergeschlagenheit nach oben gekommen. Ergeben Sie sich nicht negativen Gedanken! Versetzen Sie sich in jene gute Stimmung, die Ihnen Auftrieb gibt! Sobald Sie Misserfolge vergessen und an den Erfolg denken, stellen sich positive Gedanken und Selbstvertrauen ein! *Wählen Sie einen neuen Gipfel, und richten Sie sich auf!*
Wo stehen Sie heute? Ob Sie unten oder oben sind, hängt letztlich nur von Ihrer Einstellung ab. Andere Menschen machen Ihnen vielleicht Schwierigkeiten, wenn Sie aber unten sind, so nur deshalb, weil Sie es zuliessen, dass eine Schwierigkeit oder ein Problem Sie in eine gedrückte Stimmung versetzt. *Wählen Sie einen Gipfel! Wählen Sie nicht ein Tal!*
Richten Sie Ihren Blick auf einen Berggipfel, der Sie mit Freude, Kraft, Begeisterung und Elan erfüllt. Lassen Sie keine Montags-

stimmung in sich aufkommen, schon gar nicht eine Woche oder einen ganzen Monat lang! Ihre Entscheidungen haben Sie dorthin gebracht, wo Sie sind.

Ein junger Bekannter von mir war ein grosser Sportler, bevor er sich den Rücken brach. Er überlebte, kann aber nur noch an Krükken gehen. Erst unlängst traf ich ihn zufällig in einem Hotel an. «Wie geht es dir, John?» fragte ich ihn. «Miserabel», war die Antwort. «Wieso?» wollte ich wissen. «Es geht mir nicht gut.» – «Tut dir der Rücken immer noch weh?» fragte ich forschend. «Nein», sagte er ruhig, «ich bin geistig krank.» – «Das kann doch nicht sein?!» – «Aber natürlich.» – «Du machst mir aber nicht den Eindruck, geistig krank zu sein», ereiferte ich mich, «wenn ich dich wäre, würde ich nicht so sprechen!»

Wir vergassen die Menschenmenge, die in der Hotelhalle um uns herum war, und sprachen lange miteinander. Dabei bemerkte ich, dass er sich selbst negativ «programmiert» hatte.

«Du darfst nie wieder sagen, du seiest geistig krank!» sagte ich ihm. «Du musst dir bestätigen: ‹Ich bin geistig gesund, und ich werde bis an mein Lebensende geistig gesund sein.›»

Bevor wir uns am nächsten Tag trennten, assen wir am Abend zusammen. Innerhalb der vierundzwanzig Stunden, also von dem Augenblick an, wo ich ihn in der Hotelhalle getroffen hatte, bis zum Zeitpunkt seiner Abreise, wurde er ein anderer Mensch. Er wird nie wieder geistig krank sein, es sei denn, er beschliesse, geistig krank zu sein! Bevor wir uns verabschiedeten, berührte ich mit dem Finger seine Stirn und sagte zu ihm: «John, jedesmal, wenn du spürst, dass die Niedergeschlagenheit zurückkehrt, wirst du Angst haben, geistig krank zu werden. Kämpf dagegen an, indem du dir sagst: ‹Nie wieder, nie wieder, nie wieder!›» Und weiter riet ich ihm: «Sag dir, dass du dich nie wieder solch deprimierenden Gefühlen hingeben willst.» Sein Gesicht strahlte vor Hoffnung und Freude!

Mein Bekannter beschloss, sich negativen Gefühlen hinzugeben, und deshalb glaubte er, geistig krank zu sein. Doch jetzt hat er sich für das Positive entschieden. Er hat einen neuen Gipfel gewählt.

Wählen Sie einen Gipfel!

Welche Gedanken würden Ihnen wohl durch den Kopf gehen, wenn Sie 77 Jahre alt und gelähmt wären? Vielleicht würden Sie sich sagen: «Ja nun, so ist es eben, ich bin halt in einem Alter, wo der Mensch stirbt. Es ist wohl Gottes Wille, dass ich jetzt abkratze. Nur drei Jahre fehlen mir bis zum achtzigsten Geburtstag. So ist es eben!»

Nicht so Eula Weaver! Mit 77 Jahren erlitt sie einen Schlaganfall und war gelähmt. Aber sie gab nicht auf. «Ich konnte kaum noch gehen», berichtete sie, «die Ärzte stellten mich vor die Alternative: entweder den Rest meines Lebens als Invalide zu verbringen oder aufzustehen und zu gehen anfangen, egal wie gross die Schmerzen sind!» Sie beschloss, aufzustehen und herumzugehen. Heute, elf Jahre später und zwei Jahre vor ihrem neunzigsten Geburtstag, läuft sie täglich eine Meile.

Eine Zeitung brachte ein Bild von ihr. Sie sah reizend aus in ihrem Trainingsanzug: Man sah, wie sie das Leben und das Gesundsein geniesst - zwölf Jahre vor ihrem hundertsten Geburtstag. *Wählen Sie einen Gipfel!*

Wählen Sie einen Gipfel! Beschliessen Sie, Erfolg zu haben. Vielleicht liegen Sie zurzeit am Boden, weil andere Sie zu Fall gebracht haben. Wenn Sie am Boden *bleiben* wollen, so ist das Ihnen überlassen - es ist einzig und allein Ihr Entschluss. Niemand ausser Ihnen kann beschliessen, dass Sie unten bleiben. Menschen, die Berge erklimmen, sind oben auf dem Gipfel, weil Sie den Gipfel wählten. Sie haben beschlossen, sich wieder aufzuraffen.

Einer der Kameraleute unserer Fernsehequipe, ein jüdischer Junge, weiss, was es bedeutet, sich vom Boden hochzuziehen. Er erzählt seine Geschichte mit den folgenden Worten: «Ich hatte das Pech, zur rechten Zeit im falschen Auto zu sitzen: Mit etwa 110 km/h raste ich in einen Berg hinein. Am rechten Bein hatte ich einen einfachen, am linken einen doppelten Knochenbruch, am Kopf und an den Händen erlitt ich schwere Verletzungen, ebenso an den Rippen und der Lunge. Es ist ein Wunder, dass ich überhaupt noch lebe! Während zehn langer Monate war ich arbeitsunfähig. Das einzige, das mich aufrecht hielt, war mein Glaube. Man muss einen Glauben haben, und man muss sich an ihn klammern können! Ich lag furchtbar lange in jenem Spitalbett und fragte mich, ob ich überhaupt je wieder ein gesunder Mensch würde. Während der langwierigen Genesung konnte ich einfach immer nur an eines denken: draussen sein, gesund und am Leben sein! Ich fühlte mich damals wie ein alter Mann, aber heute bin ich gesund! Es geht mir gut!»

Ich bin davon überzeugt, dass Gott Ihnen einen Traum gibt, während Sie dieses Buch lesen. Vielleicht träumen Sie davon, sich im Geschäft ein neues Ziel zu setzen oder auf einen neuen Gipfel zu steigen, was Ihre Gesundheit angeht. Vielleicht besteht Ihr Ziel aber auch darin, sich weiterzubilden. Oder vielleicht möchten Sie ganz einfach sich selber lieber haben.

Ihr Ziel kann es aber auch sein, den Menschen, mit denen Sie zusammenarbeiten, oder den Mitgliedern Ihrer Familie mit einer anderen Einstellung zu begegnen.

Was immer es sei – wählen Sie noch heute einen Gipfel! Setzen Sie sich neue Ziele und treffen Sie gewichtige Entscheidungen. Ob Sie nun ein neues Geschäft anfangen, das bestehende ausbauen, schlechte Gewohnheiten ändern, Ihre persönliche finanzielle Lage verbessern oder im Beruf aufsteigen wollen – wählen Sie einen Gipfel, der Ihnen die Aussicht auf weitere noch grössere Erfolge verschafft.

Sie haben die Freiheit, das zu wählen, was Sie wollen. Warum sich nicht für Liebe und Glück entscheiden?

Ich beende dieses Kapitel und dieses Buch mit einem Wort, das ich nur selten brauche: unmöglich. Es ist mir unmöglich, alle meine Leser zu kennen.

Doch wer immer Sie sind und wo immer Sie sich befinden – eines weiss ich von Ihnen: In Ihnen schlummern grossartige Fähigkeiten, die darauf warten, entdeckt und gefördert zu werden.

Wie schwach Ihr Glaube auch sein mag – richten Sie sich auf, rufen Sie Gott, den Schöpfer des Lebens, an und bitten Sie ihn um die wertvollste aller Gaben des Lebens: um einen Berg, den es zu bezwingen gilt, und um den Glauben und die Zuversicht, dass Sie ihn bezwingen werden.